云南省哲学社会科学规划青年项目(项目编号:QN2019008)
丽江市人民政府发展研究中心项目(项目编号:G202206)

乡村旅游供应链减贫研究

——基于滇西北的案例

白海霞 著

上海交通大學出版社
SHANGHAI JIAO TONG UNIVERSITY PRESS

内容简介

本书采用供应链理论，总结“十三五”期间乡村旅游减贫经验，指导乡村脱贫成果巩固，在实践基础上探究贫困治理理论，以指导乡村振兴发展实践。本书将全域旅游与乡村旅游相结合，深层次挖掘乡村旅游价值，提出城乡共建旅游供应链智能生态网络平台设想，为乡村旅游高质量发展赋能；同时探讨乡村旅游供应链恢复与重构之路，巩固拓展脱贫攻坚成果，避免返贫风险。本书可供乡村旅游、旅游减贫与乡村振兴等领域研究参考使用。

图书在版编目(CIP)数据

乡村旅游供应链减贫研究 ：基于滇西北的案例 / 白海霞著. -- 上海 ：上海交通大学出版社，2024.8

ISBN 978-7-313-30864-1

Ⅰ. F592.7

中国国家版本馆 CIP 数据核字第 2024LA4779 号

乡村旅游供应链减贫研究——基于滇西北的案例

Xiangcun Lüyou Gongyinglian Jianpin Yanjiu——Jiyu Dianxibei de Anli

著　　者：白海霞　　地　　址：上海市番禺路 951 号

出版发行：上海交通大学出版社　　电　　话：021-6407 1208

邮政编码：200030

印　　制：武汉乐生印刷有限公司　　经　　销：全国新华书店

开　　本：700mm×1000mm　1/16　　印　　张：10.25

字　　数：202 千字

版　　次：2024 年 8 月第 1 版　　印　　次：2024 年 8 月第 1 次印刷

书　　号：ISBN 978-7-313-30864-1

定　　价：78.00 元

前　言

乡村旅游业是地方发展的重要力量，肩负着振兴偏远乡村地区和促进少数族群发展的使命。虽然2020年我国脱贫攻坚目标任务基本完成，但这并不意味着扶贫工作的终结，消除了绝对贫困也远非共同富裕，甚至还存在返贫的风险。党的十九届五中全会明确提出"脱贫攻坚成果巩固拓展，乡村振兴战略全面推进"的新使命和新任务；《中华人民共和国国民经济和社会发展第十四个五年规划和2035年远景目标纲要》（简称《十四五规划纲要》）提出"建立完善农村低收入人口和欠发达地区帮扶机制"的新目标。目前，乡村旅游减贫的对象与核心——贫困居民由于各种原因逐步被边缘化，很难有机会深入参与旅游活动，减贫目标被置换，贫富分化明显，原真性的乡村文化和邻里关系式微，生态环境退化破坏，乡村居民缺乏精神获得感，旅游可持续发展难以为继。因此，新时期我国减贫战略和减贫治理体系的转变和形成是一个长期而缓慢的过程，未来几年既是扶贫脱贫巩固阶段，也是从绝对贫困转向相对贫困，从经济减贫转向多维减贫的重要阶段。

"十四五"时期，乡村振兴仍然是我国全面建设社会主义现代化新征程中最艰巨、最繁重的任务。想要在由政府、村集体、社区、投资者、旅游企业、旅游者等共同构成的利益相关者体系中，继续提高乡村贫困居民的收益，确保脱贫成色，减少相对贫困，实现"共同富裕"，最直接有效的办法就是应用旅游供应链理念，将乡村旅游供应链作为乡村振兴的新引擎和新抓手，弥补全面建设小康社会的乡村短板，解决我国社会不平衡、不充分发展的主要矛盾。

乡村旅游供应链以乡村独特经济、文化、社会、环境为背景，以发展乡村旅游为目的，依托乡村旅游资源，建立以政府为主导，社区（包含贫困人口）为主体，各微观市场主体（包括旅游企业、旅游者、市场、公众、组织协会等）积极参与，以满足多渠道下旅游者商品和服务需求的乡村旅游整体功能网络。旅游供应链既是一条纵向的供需链——连接旅游产品或服务的"生产—供给—销售—消费"的产业群，又是一条横向的合作链——满足游客多样化消费需求有机结合在一起的企业群，所有供应链成员只有通力合作，才能确保整个旅游供应链网络顺畅运行。

全域旅游是利用旅游业带动和促进经济、社会、环境、生态协调发展的一种新的区域协调发展理念和模式，体现了中国特色社会主义发展新时期人们对旅游产品广空间、多元化、高品质、利民生的升级需求。在新时代背景下，全域旅游打破单个社群边界，全域、全行业共同发力，将供应链作为新的驱动力发展乡村旅游业，利用供应链管理思想整体协调、平衡旅游业中各利益相关者的关系，追求高质高效、公平共享的乡村旅游成果，既能够满足旅游者高品质、丰富化、多层次的旅游需求，又能给当地居民提供更多地参与和发展机会。

乡村旅游供应链减贫是对旅游价值的深层次挖掘，是解决广大农村区域性整体贫困问题、打赢脱贫攻坚战、实现全面富裕的重要路径。乡村旅游供应链作为一种乡村发展的内在驱动力，可以发挥连接作用、延伸作用、渗透作用、带动作用、辐射作用：连接第一、二、三产业，拉长拓宽深化供应链，促进乡村旅游由单一的观光休闲向多功能延伸、乡村空间从生产空间向消费空间转变，跳出行政区划限制和行业惯性边界，推动先进的信息、资金、技术、管理和人才等生产要素和政治、经济、文化、意识方面的信息要素由城市渗透向农村，带动交通、地产、商业、服务业等多个产业，辐射形成本地产业发展的泛旅游产业集群，加快产—城—乡一体化进程。在此过程中，通过增加就业机会，激发内生动力，提高农村的文明程度和农民的素质，保护乡村文化，加强生态文明，真正让社区弱势乡民享受到发展的红利和福祉。

本书内容框架是在2019—2021年课题项目的研究基础上构建的，全书共分为七章。第一章是基础理论部分，阐述了全域旅游、乡村旅游、乡村旅游减贫等理论，全面分析了全域旅游与乡村旅游减贫关系；第二章总结了减贫视角下乡村旅游供应链的特征和类型，分析了乡村旅游供应链在减贫中存在的缺陷，提炼了全域旅游视角下乡村旅游供应链减贫的常见模式；第三章通过案例研究逆向追溯供应链，总结目前乡村旅游供应链在减贫实践中面临的困境，进而立足贫困人口视角提出乡村旅游供应链发展对策；第四章思考了新时期滇西北乡村旅游供应链重构，提出了旅游供应链重构内容和产品创新模式，讨论了全域旅游视域下可持续乡村旅游供应链；第五章在全域旅游视域下构建了乡村旅游供应链减贫体系，进一步建立了乡村旅游供应链减贫成效评价指标体系；第六章提出城乡共建智能生态网络平台，分析了智能生态网络平台的运作、供给机理和维持机制，推动旅游城乡一体化；第七章基于田野调查，列举了全域旅游视域下滇西北乡村旅游供应链减贫模式和创新产品案例。

本书得到了云南省哲学社会科学规划青年项目“全域旅游视域下滇西北地区乡村旅游扶贫研究”（项目编号：QN2019008）和丽江市人民政府发展研究中心项目“旅游受疫情影响下丽江服务业发展现状研究”（项目编号：G202206）的共同资助。在本书的撰写过程中，项目团队成员普荣、李娟、张寿香、吴晓莉贡献颇多，出版社的编辑为此书的出版做了大量细致而艰辛的工作，在此深表谢意。

目　　录

第一章　全域旅游与乡村旅游减贫基础理论

乡村旅游是诸多地区打赢脱贫攻坚战的重要手段和有力武器，对贫困地区的经济发展、基础设施建设、居民就业增收均起到显著作用；乡村旅游业肩负着振兴边远乡村地区和促进少数族群发展的使命。全域旅游是利用旅游业带动和促进经济社会协调发展的一种新的区域协调发展理念和模式，体现了中国特色社会主义发展新时期人们对旅游产品广空间、多元化、高品质、利民生的升级需求。乡村旅游减贫是对旅游价值的深层次挖掘，是解决广大农村区域性整体贫困问题、打赢脱贫攻坚战、实现全面富裕的重要路径。二者在目标、理念、区域分布和实现路径上均具有内在逻辑的一致性。本章提出了打造乡村区域"空间—经济—环境"复合区域生态圈的乡村旅游扶贫理念；同时，也要重视在实施过程中，资源开发与环境保护、全面富裕与个体边缘化、外生动力和内生动力、全面性与差异性等方面的矛盾。

第一节　全域旅游

一、全域旅游的提出背景

2015 年 8 月，全国旅游工作研讨会首次从国家层面正式提出全域旅游发展理念，随后，文化和旅游部发布《关于开展"国家全域旅游示范区"创建工作的通知》，明确了全域旅游创建指标，并开始在全国范围内创建全域旅游示范区。2016 年 1 月，全国旅游工作会议提出"把全域旅游作为新时期我国旅游发展总体策略"，标志着我国正式拉开全域旅游发展的序幕。2016 年 12 月，国务院印发《"十三五"旅游业发展规划》，提出"加快由景点旅游发展模式向全域旅游发展模式转变"，将全域旅游确定为我国"十三五"时期旅游业发展的主线。

文化和旅游部将全域旅游定义为："全域旅游是指在一定区域内，以旅游业为优势产业，通过对区域内经济社会资源尤其是旅游资源、相关产业、生态环境、公共服务、体制机制、政策法规、文明素质等进行全方位、系统化的优化提升，实现区域资源有机整合、产业融合发展、社会共建共享，以旅游业带动和促进经济社会协调发展的一种新的区域协调发展理念和模式。”全域旅游理念的提出基于我国进入较高社会经济发展水平的后工业化时代新背景:国民收入水平大幅度提高;产业结构进一步优化调整;工业规模增长和占比下降;服务业长足发展,尤其是旅游业,多年来国内旅游规模、出境旅游人数和支出稳居全球第一。以旅游业为代表的新兴服务业成为缓解产能过剩和促进经济转型升级的重要抓手,也是促进百姓生活品质升级、社会民生福祉提升的重要手段。旅游供需呈现大众化、散客化、深度化、融合化的特点,旅游元素也越来越丰富,却也同时存在着供需结构失调、旅游发展动力和创新不足的矛盾。在此背景下,全域旅游大势所趋,其概念的提出是符合时代潮流的,是顺势而为。

“全域旅游”是我国独有的名词,2010 年由胡晓苒在《大连市旅游沿海经济圈产业发展规划》中最早提出。中国旅游研究院戴斌教授于 2012 年提出“大众旅游时代,旅游者更加广泛地深入到目的地公共生活和都市休闲空间,他们的异地生活和目的地市民的生活日益融为一体,以景区为代表的观光资源正在被公共生活空间和居民休闲资源所替代”。学界对全域旅游影响较大的探讨有以下一些。

吴必虎指出,全域旅游是一种发展的哲学,是一种政策导向,其实际意义是无景区化的旅游目的地,从“景点旅游”向“全域旅游”转变,才能满足日益变化的旅游消费需求,才能建设人民群众更加满意的现代旅游业;厉新建等构建了全域旅游的基本框架,总结了全域旅游理念的“四新”核心——资源观、产品观、产业观和市场观,提出从全要素、全行业、全过程、全方位、全时空、全社会、全部门、全游客等角度推进旅游目的地的发展[1];汤少忠在分析“全域旅游”发展的时代背景和渝中“全域旅游”的现实意义后,提出“全域旅游”发展的“渝中模式”,即全景、全时、全业、全民的“四全”模式[2];李金早指出“全域旅游是在一定区域内将旅游业作为支柱产业,通过对该区域内经济社会资源特别是旅游资源进行全方位的优化提升,实现区域资源的有机整合、产业融合发展、社会共建共享,实现利用旅游业带动和促进经济社会协调发展的一种新的区域协调发展理念和模式”[3];张辉、岳燕祥从域的角度分产业域、空间域和管理域阐述了全域旅游的发展内涵[4];石培华认为,全域旅游更重要的意义在于要从封闭的旅游自循环向开放的“旅游+”融合发展方式转变,推动旅游产业由“小旅游”向“大旅游”转型,并强调在此过程中“旅游+”的核心作用[5]。

总之,全域旅游发展理念的提出和社会热潮反映了人们生活理念和追求的变化,是中国经济社会发展进入后工业化阶段后,旅游市场需求升级和旅游者进一步成熟的表征。人们不再满足于单一城市或景点景区里的风景,而是渴望无边界的深度游,或是人迹罕至的茫茫山水,或是熙熙攘攘的街道,或是一场城市烟火,或是一个孤独村落。全域旅游意味着新时代背景下中国旅游供需的同步转型,为我国旅游业高质量、可持续发展提供了指导方向,也为我国建设世界旅游强国助力赋能，促进中国融入世界旅游大潮，增强国际旅游竞争力。

二、全域旅游的内涵

全域旅游可以理解为突破景点边界，将目的地视为一个大的、开放的景区整体，向公众提供一个拥有良好基础设施、优美区域环境、完善公共服务、有序市场秩序的宜居宜游区域。其目的在于通过发挥旅游业的辐射带动作用，将旅游业促进消费的先进功能扩展至全域，带动目的地供应链、产业链的共同提升，推动社会、经济、环境可持续、高质量发展[6]。其内涵具体而言有以下几点。

首先，全域旅游强调区域内各行政区划，各部门（产业部门、职能部门）的协同合作。各区县之间发挥产业合作、资源互补的关系，推进工旅、文旅、农旅、林旅、商旅以及城旅等融合发展，旅游、国土、规划、交通、工商等部门通力协作，将产业发展、城乡建设、土地利用、生态保护等与旅游发展融为一体，形成“政府领导、部门参与”的旅游地综合统筹管理的全域旅游发展共同责任机制，打造各地域、各大产业深度融合的“大旅游”格局，最终形成政府、协会组织、企业、居民各司其职、协作共赢的多元共治＋自治的综合管理局面。但全域旅游在开展初期，一定是政府主导的，因为在当前内生动力不足的现实情况下，只有具有良善供给动机，以及充足干预能力和有效外部激励等能力的政府，才具备引导全域旅游打破行政区划分割、开展跨区域合作的强大力量。

其次，全域旅游强调多方参与、全民受益。由政府、开发商、经营者、当地居民共同打造的全域旅游，目的地的吸引物由居民、游客共同享有，不仅给游客带来优质的旅游体验，同时具备提升当地居民生活品质的价值和功能。居民不仅是旅游吸引物的提供者、参与者，也是居住环境优化、基础设施改善、就业机会增多、区域经济发展等综合效益的享有者。构建主、客和谐共处的旅居环境，不能仅仅强调旅游对外吸引力及服务而忽视当地居民的共享权利。

再次，全域旅游强调理论层面和实践层面内涵的双元性。在理论层面，全域旅游可以被视为一种理念，在中国特色社会主义发展新时期，大众旅游模式开启，人人有创建景观、参与旅游的热情与需求，地地有“时时有景观、处处是美景”的美好愿景和美丽蓝图，“全景式规划、全季节体验、全社会参与、全产业发展、全方位服务、全区域管理”是旅游发展尽善尽美的理想状态，为各旅游地的全景观化建设提供目标朝向和导向方略。全域旅游理论肩负起新时代特色发展的历史使命，表达了人民对美好生活的向往。在实践层面，全域旅游强调在一定区域以旅游业为优势产业，通过资源整合、产业融合、社会共建等方式，带动和促进社会协调发展。在践行过程中，受各地区域资源、产业结构、投资融资、管理水平、时空要素、居民参与能力等多方面的限制，全域旅游不可能也不是全域空间的平均投入、均质发展，而是有主次、有重点的旅游空间整体统筹，通过景区、产品的辐射作用延长旅游产业链，带动更多增值服务和消费业态。同时要避免不同旅游地之间的简单复制，不同旅游地应依据各自资源特色与文化内涵，对物态空间进行美化及景观化塑造，做到“统筹规划、合理布局，有序推进，因地制宜”。

最后，全域旅游强调由“量”向“质”的产业转变。全域旅游要求将旅游目的地当作一个大景区来统筹建设，从而使景区内外一体化，向成熟旅游产业的理想均衡状态发展，提质增效，促进区域旅游产业的转型升级。如今，我国已进入以跨界融合为标志、以“旅游＋”为特点的“中国旅游 4.0”新时代，尤其要着力推动旅游业从门票经济走向第一、二、三产业融合发展的“旅游＋”，从封闭的旅游自循环系统走向多业态融合的开放性系统，从粗放低效方式向精细高效方式转变，将单一景点景区转变为综合目的地服务，实现区域经济、社会、文化、生态等综合效益的统一。

全域旅游是对传统旅游的升级，事实上，它与“旅游目的地”“区域旅游发展规划”的内涵是一致的。它是在中国特色社会主义发展新时期，面对供给侧结构性矛盾的变化和现代化信息技术的进步，运用大旅游、生态文明、智慧共享、多“全”理念和视角，重新审视旅游，指导旅游发展的一种经济发展模式。它涵盖了一系列的国内外研究热点，具有高度的概括性，是旅游业发展到今天的一个必然趋势，承载着更多的时代特色、发展愿景和历史使命，也引领着新时期、新形势下大众对生活理念和生活品位重新定位。

第二节　乡村旅游减贫

一、乡村旅游

乡村旅游(Rural Tourism)是以农村自然风光、人文遗迹、民俗风情、农业生产、农民生活及农村环境为旅游吸引物，以城市居民为目标市场，满足旅游者休闲、度假、体验、观光、娱乐等需求的旅游活动[7][8]。乡村凭借“三农”资源，即农、林、牧、渔及园艺等农业资源，田园景观类、生态环境类、农村面貌类、历史文化类等农村资源，农民生活、农事活动、民间习俗类等农民资源，形成多样化的旅游吸引力和业态。现有下列常见类型。

(1) 以绿色景观和田园风光为吸引力的观光型乡村旅游。

(2) 以农庄或农场旅游为主，以休闲、娱乐和增长见识为主题的乡村旅游，包括农家乐，休闲度假农庄，观光果园、茶园、花园，特色民宿，休闲渔场，农业教育园，研学基地，农业科技示范园区等。

(3) 以乡村民俗、乡村民族风情、民俗文化为主题的乡村旅游，如民俗文化村、特色旅游小镇。

(4) 以康体疗养和健身娱乐为主题的康乐型乡村旅游，如徒步游、温泉游。

过去 10 余年，乡村成为旅游产业在布局全域旅游、多元投资、产品创新和产业链融合最为活跃的领域之一，乡村旅游承载或支撑着多项国家政策，如美丽乡村、精准扶贫、供给侧结构性改革、全域旅游、新农村建设、特色小镇、田园综合体等。

二、乡村旅游减贫的相关概念和研究

乡村地区具有独特的地方、地域、景观、人、产品和生物多样性。自 19 世纪 70 年代以来，西方国家城市居民逃避工业城市的污染和快节奏的生活方式回到乡村度假休闲，带动了乡村旅游在这些国家的农村地区迅速发展。这在当时农作物种植、渔业或林业等传统生活方式无法完成减贫和农村发展任务的背景下，对推动经济不景气农村地区的发展起到了非常重要的作用。乡村旅游对当地经济的贡献和意义得到了充分证明[9]。在许多国家，乡村旅游开始被认为是一种阻止农业衰退和增加农村收入的有效手段[10]。

20 世纪 80 年代，世界环境和发展委员会提出了可持续生计概念(Sustainable Livelihoods)，为乡村旅游减贫和可持续发展提供了整体哲学和实践框架[11]。“生计”被定义为建立在能力、资产(包括储备物、资源、要求权和享有权)和活动基础之上的谋生方式[12]。可持续生计是指个人或家庭所拥有和获得的、能用于谋生和改善长远生活状况的资产、能力和有收入活动的集合。英国国际发展署(Department for International Development，DFID)构建的可持续生计分析框架(SLA)(见图 1-1)在对可持续生计概念和贫困性质理解的基础上，采用以人为中心的方法，形成规范、完整的共享理论，洞察了生计的复杂性和影响贫困的主要因素，并提出影响农户生计资本的“生计五边形”，包含自然资本、物质资本、人力资本、金融资本和社会资本。

1999 年，英国国际发展署(DFID)提出 PPT(Pro-poor Tourism，有利于贫困者的旅游)概念；2002 年，世界旅游组织提出 ST-EP(Sustainable Tourism Eliminating Poverty，可持续旅游消除贫困计划)；2014 年的“可持续负责任旅游”(Sustainable Response Tourism，SRT)，皆旨在通过发展旅游业带动当地人参与旅游，增加贫困人口的就业机会与劳动收入，强调贫困人口从旅游发展中获得包括环境、经济、社会和文化在内的综合净收益[13]，获得旅游地可持续的贫困减缓与发展[14][15]。此后，国内外学者们就乡村旅游减贫的理论方法、途径方式、实证效果、问题对策等方面展开了丰富的研究。

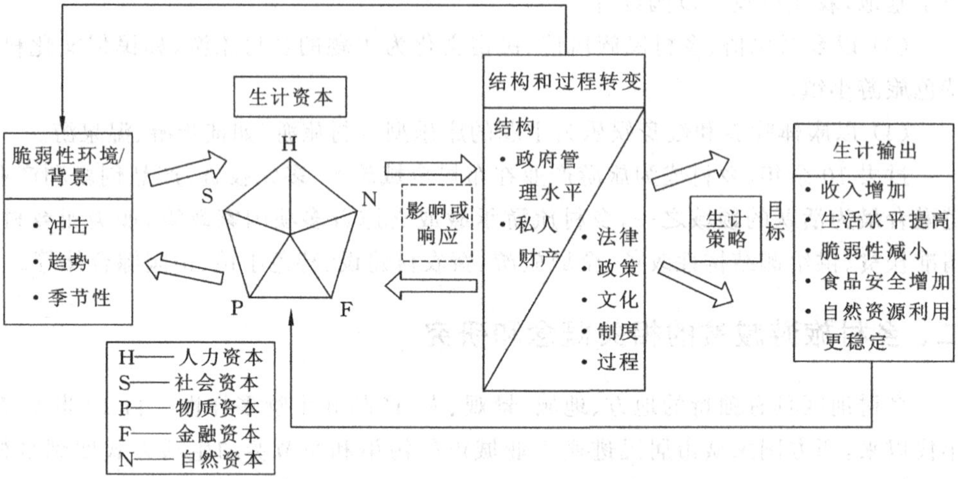

图 1-1 英国国际发展署构建的可持续生计分析框架(SLA)

1. 理论方法方面

理论研究的目的在于厘清旅游发展与旅游减贫之间的关联机制。发展旅游对减贫主要有直接效应、间接效应、动态效应三种作用机制:直接效应是指旅游者的直接消费能够为当地贫困人口创造就业和收入机会;间接效应是指通过旅游乘数效应、关联效应带动贫困人口参与产业链延伸或其他行业获得再分配收益;动态效应是指依靠旅游业资本积累和社会发展发挥“涓滴效应”“溢出效应”,为当地优化产业结构、刺激消费、吸引资金、拉动就业、提升知名度等方面做出贡献,使贫困人口获得旅游发展带来的外部效应。方法上,经济学、社会学、地理学、管理学等的方法被引入,除了定性研究外,一般均衡理论模型、面板数据、地理加权回归模型、灰色关联度多维评价模型、云模型等多样化定量研究方法也有广泛应用,从而对旅游与减贫关系、旅游减贫原则、旅游减贫研究框架、旅游减贫方式、旅游减贫效果等进行了全面深入的分析。

2. 途径方式方面

乡村旅游减贫主要依托当地资源类型与乡土文化,因地制宜,主要有自然旅游、农业旅游、遗产旅游、社区旅游等方式,以参与自然景观开发、生态与生物多样性保护、农业观光、乡村遗产、社区参与中旅游供应链的多个环节,如提供餐饮和住宿、销售旅游商品或手工艺品、提供劳动与服务等途径,同时实现提高生活水平、保护生态环境、展示传统文化、增强人口素质等综合收益。

3. 实证效果方面

众多学者以非洲、拉丁美洲以及亚洲一些经济欠发达且旅游资源丰富的国家和地区为案例，对旅游减贫进行了实证研究，研究结论大概分为三种：第一种，积极的贫困减缓作用，认为通过直接效应、间接效应、动态效应三种作用机制，实现了旅游发展对旅游减贫的正向影响；第二种，消极的贫困加剧作用，认为旅游减贫会带来乡村地区资源争夺、旅游容量过载、生态环境被破坏、经济漏损、文化变异、贫富分化及社会不平等加剧等诸多问题，从而使乡村旅游减贫效果大打折扣；第三种，旅游发展与旅游减贫弱相关，认为经济增长并不等同于贫困减缓，旅游发展并不能自动带来减贫效果，减贫作用与旅游发展模式密切相关，不同乡村地区减贫效果因地而异。

4. 问题对策方面

除经济漏损、利益纠纷、贫富差距加大等经济影响外，乡村旅游减贫存在"弱者被挤出""乡愁被挤出""青山绿水被挤出"[16]等社会、文化、生态环境非经济问题。基于此，学者们提出了探索基于社区的旅游(Community-Based Tourism，CBT)、负责任旅游扶贫等社区、旅游企业、游客、政府等多主体参与，发展旅游关联产业，精准旅游减贫、可持续减贫等多样化的乡村旅游减贫对策建议。

总体看来，国外对乡村旅游减贫的研究理论成熟，方法多样，内容广泛，但国内的相关研究对具有中国特色的旅游减贫之路探索不足，案例的选择呈现地理集中性，对乡村旅游贫困人口参与路径的聚焦不够，将全域旅游视角与乡村旅游减贫相结合的研究未见有之。

三、中国乡村旅游减贫简要历程

中国现代乡村旅游始于20世纪80年代，受西方国家的带动，随着改革开放的不断深入，乡村旅游以其短时、低价等特征，成为城市居民周末和节假日休闲的重要选择。我国贫困人口分布和高品位生态旅游资源分布具有高度重叠性，将在此地域发展旅游业作为减贫路径具有其他产业不可比拟的优势[17]。乡村旅游发展的经验表明，其在繁荣农业和农村经济、促进农民就业增收、促进国内消费、推动城乡经济一体化等方面具有重大意义[18]。乡村旅游业已成为中国减贫、乡村振兴和农村家庭经济多样化的有效战略[19]。

1991年，在全国旅游局局长会议上，旅游扶贫作为地方扶贫经验总结被正式提出。纵览近年来国字号文件，旅游扶贫被提升至国家战略层面，如2017年、

2018 年中央一号文件连续提及发挥乡村旅游在脱贫攻坚中的重要作用，强调“大力发展乡村旅游”，要“加强乡村旅游精准扶贫，扎实推进乡村旅游富民工程”“把乡村旅游发展与脱贫致富结合起来”，并从中央到地方各级政府切实贯彻执行。乡村旅游已成为我国贫困人口脱贫的重要力量，对加快培育农业农村经济发展新动能，壮大新产业、新业态、新模式，推进第一、二、三产业融合发展起到重要作用。2019 年，我国扶贫开发进入攻坚拔寨的最后冲刺期，全国还有 4 000 多万贫困人口亟待帮扶。乡村旅游凭借汇集人流、物流、信息流和资金流的综合作用，发挥旅游乘数效应，成为贫困地区发展的强大推力。乡村旅游扶贫以其强大的市场优势、强劲的造血功能、新兴的产业活力、巨大的带动作用，在扶贫开发中发挥着日益显著的作用，成为我国乡村贫困人口脱贫的重要力量。据《全国乡村旅游发展监测报告(2019 年上半年)》显示，2019 年上半年全国乡村旅游总人数达 15.1 亿人次，同比增加 10.2%；总收入 0.86 万亿元，同比增加 11.7%；截至 2019 年 6 月底，全国乡村旅游就业总人数 886 万人次，同比增加 7.6%。在我国，乡村旅游扶贫既是经济发展的要求，也是我国社会主义制度的本质要求，是实现共同富裕、全面建成小康社会的重要路径。

2020 年 11 月，贵州省政府宣布剩余的 9 个县退出贫困县序列，至此，我国 832 个贫困县全部脱贫摘帽，脱贫攻坚目标任务基本完成。但这并不意味着扶贫工作的终结，消除了绝对贫困远非共同富裕，甚至还存在返贫的风险。党的十九届五中全会明确提出“巩固拓展脱贫攻坚成果，乡村振兴战略全面推进”的新使命和新任务；《十四五规划纲要》提出“建立完善农村低收入人口和欠发达地区帮扶机制”的新目标。学界认为，新时期我国减贫战略和减贫治理体系的转变和形成是一个长期而缓慢的过程，2020—2025 年是扶贫脱贫巩固阶段[20]，2020 年后减贫重点要从绝对贫困转向相对贫困，从经济减贫转向多维减贫[21]。可见，“欠发达”和“低收入人口”叠加交叉区域——相对贫困的乡村地区减贫工作仍是国家扶贫工作重点。

四、乡村旅游减贫的供应链研究视角

乡村旅游初始阶段，国内外学者们对乡村地区发展旅游普遍持正面态度，Mathieson & Wall[22]，Stephen[23]，保继刚等[24]，Ashley 等[25]，林红[26]等研究表明，旅游业对促进贫困地基础设施建设、带动居民就业和增收、增加政府财政收入、推动当地 GDP 发展均起到显著作用。2019 年，全国乡村旅游总人次为 30.9 亿，占国内旅游总人次的一半以上；乡村旅游总收入 1.81 万亿元，首次突破万亿元大关，成为中国整个旅游行业中增长最快的领域。乡村旅游供应链凭借自身与第一、二、三产业的天然融合的优势及高关联度、强带动性的特点，强力推动了乡村旅游减贫效果的实现，对于我国“十三五”时期精准扶贫、脱贫攻坚目标的实现，以及乡村振兴、全面建成小康社会等国家战略目标的实现均意义重大。

随着乡村旅游进一步发展，虽然旅游总收入持续增加，但旅游业带来的负面影响日益凸显，“涓滴效应”“溢出效应”减弱，旅游飞地形成，经济漏损严重，乡村原有传统文化与和谐社会关系式微，生态环境污染、退化。乡村旅游减贫的对象与核心——贫困居民受教育水平、资源区位、技术能力、资本占有、经营经验等的影响逐步被边缘化，很难有机会深层参与旅游活动，导致乡村旅游减贫演变为“在乡村地区发展旅游业”[27]，减贫目标被置换，贫富分化明显，贫困人口相对剥夺感增强，埋下返贫与冲突隐患，乡村旅游可持续发展难以为继。

源于制造业的供应链理论由于重视不同企业、行业、产业及市场环境内部或之间的关联与互动关系而被广泛引入诸多行业。供应链理论强调上下游不同环节间的分工、关联与协同，重视要素的流动，推崇核心竞争力，其整合、协调、共享、柔性、绿色等理念既与“五大发展理念”一致，也与美丽乡村建设和乡村振兴的要求与目标相契合，因而成为旅游研究的热点主题。乡村旅游供应链为游客提供“食住行游购娱”“康养学闲情体”等多行业生产的一揽子商品与服务，其“多对一”的供需模式决定了旅游供应链与旅游业的天然共生，能够以其强关联强带动作用大力带动乡村贫困人口参与增收，其共享、协调、绿色理念又注重乡村发展的社会效益和生态效益，推动乡村旅游走可持续发展之路。

“十四五”时期，乡村振兴仍然是我国全面建设社会主义现代化新征程中最艰巨、最繁重的任务。想要在由政府、投资者、旅游企业等利益相关者共同构成的供应链上，接续提高乡村贫困居民的收益，确保脱贫成色，减小相对贫困，实现“共同富裕”，使旅游业真正成为“社会正义产业”[28]，最直接有效的办法就是利用旅游供应链理念，将乡村旅游供应链作为乡村振兴的新引擎和新抓手，弥补全面建设小康社会的乡村短板，解决我国社会不平衡不充分发展的主要矛盾。本书以供应链理论为基本理论框架，立足减贫视角，构建完整乡村旅游供应链体系，以期补充和扩展旅游供应链理论，并分析乡村旅游供应链在减贫实践中的困境及优化路径，为乡村振兴实践提供新视角与源动力，推进脱贫攻坚成果同乡村振兴有效衔接，为其他贫困乡村地区乃至世界减贫事业提供经验借鉴。

第三节 全域旅游与乡村旅游减贫关系分析

一、全域旅游与乡村旅游减贫的内涵一致性

2016 年，文化和旅游部提出将全域旅游作为新时期的旅游发展战略。全域旅

游是在一定区域内将旅游业作为支柱产业，通过对该区域内的经济社会资源特别是旅游资源进行全方位的优化提升，实现区域资源有机整合、产业融合发展、社会共建共享，实现利用旅游业带动和促进经济社会协调发展的一种新的区域协调发展理念和模式，其本质特征体现在全局性、空间性、带动性、整合性、共享性。文化和旅游部指明，全域旅游既是一种区域发展理念，更是一种价值追求，旨在将质量价值、治理价值和共享价值融为一体，谋求旅游业的可持续发展。在全域旅游视角下，充分挖掘乡村旅游资源巨大潜力，可持续减轻贫困，既是我国旅游业转型升级与可持续发展的必然选择，也是实现乡村振兴、形成国内国际双循环的新发展格局的重要途径。全域旅游与乡村旅游减贫在内在目标、发展理念、区域分布、实现路径等方面均具有一致性。

（一）内在目标的一致性

全域旅游是一种新的区域发展理念，以产业发展、城乡建设、生态保护、民生福祉为抓手，统筹推进旅游目的地形成具有“全覆盖性”和“高联动性”的大旅游大产业发展格局。这种大旅游大产业发展格局及其内在显现的“普惠性”特征，有利于精准扶贫目标的实现[29]。全域旅游已成为各地发展经济的重要抓手，成为乡村旅游扶贫的必由之路。

发展乡村旅游不仅在促进新农村建设、解决“三农”问题、推动农业供给侧结构性改革、促进区域旅游产业转型升级、扩大就业、实现贫困乡村脱贫致富等方面有重要意义，反过来也在一定程度上决定和检验着全域旅游的成效。

（二）发展理念的一致性

全域旅游强调旅游业与农业、工业、林业、科技、文化、体育、健康、医疗等产业深度融合，具有内生的创新引领性、协调带动性、开放互动性、环境友好性、共建共享性，与党在十八届五中全会提出的“创新、协调、绿色、开放、共享”五大发展理念高度契合，是贯彻五大理念的综合载体。全域旅游能够有效带动乡村旅游全产业创新和新兴技术在乡村旅游中的运用，既是供给侧结构性改革的重要领域，也是乡村旅游创新理念的重要实践领域和创新实践行动的必备载体。全域旅游通过供需协调，景点景区内外协调、规模质量双向协调，增进区域协调、城乡协调，发挥乡村旅游在国家促进城市与乡村整体协调发展中的功能和贡献。全域旅游运用绿色技术创造绿色旅游产品，培育和引导低碳旅游模式和行为，将乡村生态环境优势转化为旅游吸引力优势，将绿水青山转变为绿色财富和生态福利。全域旅游必然促进人员往来，互融共通，有利于不同地域的交流交往、民心相通，有利于彼此高度认同和深度交融，促进城乡旅游和居民生活融为一体，共建共享旅游发展红利。

自组织理论认为，开放性是自组织产生的必要条件，系统在开放条件下不断与外界进行信息、物质和能量的交换，促进系统从无序状态向有序状态演化[30]。系统理论的自组织理论内在要求遵循开放性理念，打破行政区划界限，从区域一体化视角促进跨域协作，实现区域内部及区域与外界物质流、能量流和信息流的交换，形成优势互补、资源共享格局，促进区域"生态—社会—经济"系统良性循环的演化与渐变[31]。传统的以行政单元为主要载体的经济发展方式及扶贫方式既割裂了自然地理单元的完整性和系统间的关联性，也阻碍了资源的自由流动，贯彻新发展理念的全域旅游模式，正是为解决区域深度贫困与区域性整体贫困问题所进行的创新尝试。

（三）区域分布的一致性

我国大多数区域性整体贫困、集中连片特困地区分布在山区、高原山区与群山连绵区，具有位置偏远、交通闭塞、经济欠发达、劳动力匮乏、设施设备落后、发展受国家生态环境战略限定的共同特征，正因如此，这些区域也保存了诸多高品位、多样性和差异化的自然人文旅游资源、非物质文化遗传资源、社会文化资源、农业资源，为全域旅游发展提供了理想的区域和独特的资源禀赋。像田园生态项目、休闲山庄、亲子农场、特色旅游小镇等依托乡村农业特色的旅游方式，加上农村传统的民间民俗艺术、慢节奏的生活方式，都给现代都市人民带来了别样的乡村旅游休闲娱乐享受[32]。

（四）实现路径的一致性

乡村旅游减贫与全域旅游融合发展均遵循"外部经验借鉴导向的学习机制＋内部技术和经验的累积演化创新"的范式，借鉴与吸收国内外开发经验与教训，依据本身具有的资源独特性创新，技术和经验的持续累积，演化为区域某种特定融合路径或范式。内生动力是乡村旅游扶贫取得进展的根本动力，全域旅游要根植于本地空间生产能力、文化生态环境、旅游消费环境、旅游空间重塑能力等实际来寻找耦合途径，以此培育区域持续发展能力，实现整体性脱贫与个体性脱贫发展目标[33]。

二、全域旅游与乡村旅游减贫的共同理念

在全域旅游推动下，统筹打造乡村区域"空间—经济—环境"复合区域生态圈，构建区域空间相连、经济互补、环境依存的"大乡村"。因为"大乡村"不仅空间范围大，更重要的是，有助于加大开放性，让内外信息、物资、人才、资金等要素交流频

繁，从而使经济体量大幅增加，环境合力顺利发挥，因地制宜地推进乡村地区的旅游减贫之路。下文就“空间—全域”“经济—全产业”“环境—生态性”三方面提出全域背景下的乡村旅游扶贫理念。

（一）“全域”理念下的区域统筹协同

全域旅游要求整合区域内所有优势旅游吸引物，既凸显不同乡村独有的特色，又发挥整体旅游资源效用最大化。因而，全域旅游不是集一区一县之力或单单依靠旅游行政部门就可以成功的，而需要打破行政区划束缚，多规合一、部门协同，将区域旅游发展规划与土地利用、城乡建设、生态发展等规划融为一体，建立旅游、规划、交通、农林、国土等部门协作机制，做到“准确定位、统筹规划、部门协同、深度开发”。

（二）全产业融合发展

乡村旅游全产业发展，旨在改变以往单一的以旅游为核心产业的封闭自循环式经济结构，形成以旅游业为主导、发展形式多样的“旅游＋”或“＋旅游”复合型产业体系，如旅游＋乡村体育、旅游＋民俗节庆、旅游＋农业教育，互联网＋旅游、大数据＋旅游、金融＋旅游、科技＋旅游，将其他各行各业纳入大旅游平台中来，拉长旅游产业链，营造乡村经济新业态。

（三）坚持乡村自然和文化的生态性

乡村旅游扶贫过程中，势必会涉及当地生态、文化资源的开发利用，但参与者应看到并始终坚持：乡村生态文化资源的稀缺性才是区域资源优势转变为市场优势之所倚，“绿水青山”才是“金山银山”的长期可持续发展之路。强化乡村生态文明建设，充分利用自然风光、民俗文化、特色村寨的同时，注重保持乡村自然和文化的生态性，“在保护中开发，在开发中保护”。

三、实施中应当重视的几个问题

（一）旅游开发和生态保护的矛盾

1. 旅游开发与自然生态保护

旅游景观开发、休闲娱乐项目建设、旅游经营、旅游交通物流、旅游者生活消费等都需要从自然中索取资源投入，对生态环境造成压力。习近平总书记多次强调

"绿水青山就是金山银山"。生态环境保护已成为我国社会经济发展的共识,保护环境就是保护生产力,改善环境就是发展生产力。全域旅游既可以将农村的生态环境资源转化为发展乡村旅游的优势,创造出更多的绿色财富和生态福利,又能更好地保护周边生态环境、促进乡村绿色可持续发展,乃至保障国家环境安全稳定。

2. 旅游开发与文化生态保护

在全域旅游发展理念中,不仅自然风景、历史文化、人文环境可以作为旅游资源,居民从事的生产及社会活动等亦是旅游资源的重要组成部分。不同乡村深植于劳动人民生产生活方式中的文化独特性,恰恰是当地文化资源的活水源头,将其开发设计为乡村文化旅游的看点卖点,恰恰可以作为"全要素",展现当地民俗风情、文化生活、精神面貌,给旅游者带来真实而非舞台化的旅游体验。

(二) 全面富裕与个体边缘化的矛盾

与以景区为核心的旅游发展模式相比,全域旅游发展理念更加强调目的地综合发展的理念及旅游产业对地方经济的波及效果[34]。传统旅游发展过程中,景点景区较早实现了资源和经济的深入融合,但在景区之外,其辐射作用随距离延长急剧下降,因此景区之外的居民仍然保留着传统的生产方式和生活水平,很难共享到资源、商贸、资金、信息、人才等的动态流动带来的市场经验,借此改进落后产业模式。此外,乡村旅游发展中"产品单一""社区排斥""与民争利"等"硬伤",致使整体旅游市场"蛋糕"有限,贫困人口尤其是景区外的贫困人口难以有效参与和获益;资源所有者、承包者、开发经营者、商业经营户与非经营户之间的管理和分配机制不完善导致参与主体"受益不均",都会导致个体边缘化。

对于资源禀赋弱、无法成为核心景区景点的边缘乡村区域,全域旅游想要达到扶贫效果,必须保证贫困居民有效参与旅游服务,并能够共享旅游带来的经济收益和好处。围绕核心区,积极从事与当地第三产业的深度融合的信息、商业、文化、金融、运输等服务业体系,形成围绕"食、住、行、游、娱、购"的全产业链,大力发展"互联网+"平台,拓展收入渠道,拉长有效经济效益产出链条,如农副产品加工业,工艺手工业,旅游纪念品、旅游食品、旅游特产等的原材料生产、制造、加工业,促进乡村旅游基础设施、娱乐场所、装备制造的建设优化,构建贫困居民平等参与的旅游大扶贫格局,才能依托深度融合扩大贫困地区旅游业的受益面积,让贫困群体从全域旅游发展中获取最大收益。

(三) 外生动力与内生动力的矛盾

我国全域旅游和扶贫工作均是在政府主导下开展的,可以说,我国全域旅游与扶贫工作之所以能够取得举世瞩目的成效，正是得益于政府的主导作用。《中共中央国务院关于打赢脱贫攻坚战三年行动的指导意见》(2018年6月15日)指出："过去5年，我们充分发挥政治优势和制度优势，构筑了全社会扶贫的强大合力，建立了中国特色的脱贫攻坚制度体系，为全球减贫事业贡献了中国智慧和中国方案，谱写了人类反贫困史上的辉煌篇章。"然而，随着扶贫工作的推进，尤其是在全域旅游的背景下，政府工作的"科层化、治理区域广、人员有限"[35]等问题会益发凸显。随着全域旅游与扶贫工作的深入开展，社会治理能力逐步提升，各参与主体越来越积极成熟，农民能够真正发挥经济发展的内生动力作用，逐步发展为中期政府与市场并重、良性互动的格局，直至最后政府的角色逐渐淡出，市场演变为其中的主导性力量。政府更应以企业和社区联合治理结构及规则系统的塑造者和引导者角色出现[36]，最终构建起全社会多元共治的扶贫治理模式。

外生动力向内生动力的演变过程，也是从"扶贫"到"扶智""扶志"的过程。乡村旅游扶贫重在借助参与旅游培养贫困群众依靠自力更生实现脱贫致富的意识和自我发展能力，实现农民从接受指导、被动参与转变为掌握现代思想文化理念的自觉创新，从根本上实现"真脱贫"，不返贫，阻止贫困现象代际传递。

（四）全局性与差异性的矛盾

全域旅游存在五大认识误区：全域旅游不是到处建景点景区、宾馆酒店，不是到处进行旅游开发，不是所有地区都有条件在近期发展全域旅游，不可简单复制、粗暴克隆，不可无序而为、一哄而起[3]。石培华辨析，全域旅游不是全域开发、全域景区、全域同质同步发展、全一模式、全面开花[37]。2013年11月，习近平同志到湖南湘西考察时首次作出"实事求是、因地制宜、分类指导、精准扶贫"的重要指示。2014年3月，习近平同志进一步强调"精准扶贫"，要求"瞄准扶贫对象，重点施策"，乡村旅游扶贫遵循"一户一策"实施策略。2018年《中共中央国务院关于打赢脱贫攻坚战三年行动的指导意见》指出要"因地制宜综合施策"。在全域旅游理念下发展乡村旅游扶贫，实现共同富裕的全局性总目标过程中，要正视各区域资源基础、时序阶段、发展模式等诸多差异，求真务实，因地制宜，保障乡村旅游扶贫精准落地。

第二章　乡村旅游供应链减贫

供应链是产品从生产到消费，经历供应商、制造商、分销商、零售商直至最终用户，伴随着物流、资金流、信息流等流动的整体功能网络。旅游供应链是将现代物流管理及供应链的理论方法运用到旅游业中，各类食、住、行、游、娱、购企业以及旅游集成商是旅游产品和服务的供应商，旅游者是最终客户，在形式上表现为客流（可视为特殊的物流）、信息流与资金流在各主体间的流动。旅游供应链既是一条纵向的供需链——连接旅游产品或服务的“生产—供给—销售—消费”的产业群，又是一条横向的合作链——满足游客多样化消费需求的有机结合的企业群。所有供应链成员必须通力合作，才能确保整个旅游供应链网络顺畅运行。

全域旅游和新时代背景下，打破单个社群边界，全域、全行业共同发力，将供应链作为新的驱动力发展乡村旅游业，利用供应链管理思想整体协调、平衡旅游业中各利益相关者的关系，追求高质高效、公平共享的乡村旅游成果，既能够满足旅游者高品质、丰富化、多层次的旅游需求，又能给当地居民提供更多参与和全面发展的机会。

第一节　旅游供应链理论

一、供应链概念

“供应链”一词源于制造业，是从原材料的采购，经过运输、加工制造、分销，直至最终送达消费者的业务流程，被看作是一个环环相扣的“链”，相邻节点间表现出一种需求与供应的关系，由于任何一个节点常常是其他众多供应链的参与者，从而交叉纵横形成供应网络。Stevens 认为，通过增值过程和分销渠道控制从供应商的供应商到用户的用户的流就是供应链，它开始于供应的源点，结束于消费的终点。此概念表明供应链代表一个顺序系统。Evens 认为，供应链是通过前馈的信息流和反馈的物料流及信息流，将供应商、制造商、分销商、零售商，直至最终用户连成一个整体的模式，此定义强调了供应链中“流”的概念和供应链的具体成员构成。Mentzer 等将供应链看作是产品从生产到消费，经历供应商、制造商、分销商、零售商直至最终用户，连成的一个整体的功能网链结构，强调供应链是构成“整体”的网络结构，重视不同企业、行业、产业及市场环境内部或之间的关联与互动关系[38]。马士华整合了多位学者思想给出了一个综合定义，认为“供应链是围绕核心企业，通过对工作流、信息流、物料流、资金流的协调与控制，从采购原材料开始，制成中间产品及最终产品，最后由销售网络把产品送到消费者手中的，将供应商、制造商、分销商直到最终用户所连成的一个整体功能网链结构”[39]（见图 2-1）。简言之，供应链可以定义为参与从初始供应商到最终客户的产品、服务、财务和信息上下游流动的整体功能网络。供应链的完整性、供应链中的合作伙伴关系、产品输入与输出、要素的流动、所有成员操作的一致性都被各种定义重点关注[40]。任何一家企业都是其所在供应链的“公民”，因为它依靠供应商、物流公司、经纪人、运营商、经销商和许多其他参与者的网络获得原材料等输入，并将其产品分销给客户。

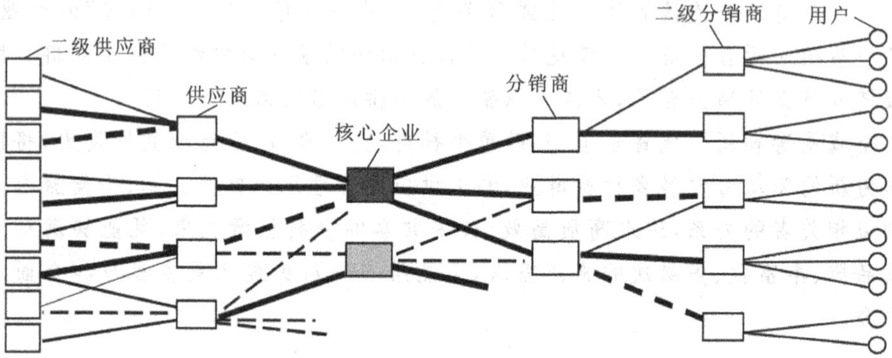

图 2-1　马士华关于供应链定义结构示意图

横向之间，供应链各方之间的合作基于这样一个事实，即只要最终客户不购买，供应链中就没有一方出售[41]，进而无法获得利润。一家公司很难凭借一己之力干预市场准入领域或在市场中形成较大的影响力，激烈的竞争迫使企业与其上下游合作伙伴参与供应链合作，确保参与成员创造整体供应链最佳实践，以更好地应对来自环境或其他供应链的竞争压力。

纵向看来，过去几十年，全球生产力水平高度发展，技术、社会品位或竞争格局及其他方面频繁变化，市场动荡程度很高。现代供应链面临着竞争压力大、产品寿命短、客户要求更多定制化和多样化的产品[42]等多重挑战和压力。随着全球化程度的不断提高和创新速度的不断加快，企业为了改善绩效，增强竞争优势，加上自然和人为危害频繁出现的动荡市场对企业可持续行为的积极影响，企业之间更有意愿加强合作以减少不确定性。因此，供应链的作用越来越大，供应商、制造商、分销商在供应链网络中集聚合作、相互关联、相互依存，供应链的复杂性越来越高[43][44]。

如今，传统的内视型视角和短视合作关系在动态的竞争环境中不再有效[45]，越来越多的来源公司寻求在自己的“四面墙之外”提高绩效，追求在稳定的业务环境中大幅度降低成本，极大程度地提高供应链运作的有效性和效率。供应链演变成组织竞争和发展的主要手段。不确定性和不稳定性商业环境要求企业[46]形成更广阔的视角，即企业内部所有业务职能之间相互协作[47]，以及供应链成员组织之间相互协调[48]。

供应链视角聚焦供给侧，代表了一种新的管理思想和模式。供应链强调同一链上的各个参与者之间的协调、合作与共享协作[49]。同一供应链企业之间的合作是竞争优势的强大来源[50]，因为无论企业向供应链上游或下游转移成本最终都会流向消费者，实际上并没有提高供应链整体竞争力。只有共同合作才能提高整体渠道销售和盈利能力，做大市场“蛋糕”，以协作共赢的方式提高供应链的整体绩效、总体业务流程的卓越性和终端消费者的满意度，或共同应对危机环境，以规避风险或减少损失。

供应链是全球经济的支柱，对社会和自然商业环境具有重大影响。供应链是多个组织的有机集成，政府不能，企业组织也不能单独地实现这一点。建设一个高效的供应链，需要人民、企业、社区、城市、地区的共同努力。

二、旅游供应链

旅游供应链的概念是在供应链概念的基础上发展而来的。1975 年，联合国世界旅游组织（United Nations World Tourism Organization，UNWTO）发布了一份旅游分销渠道行业发展报告，尽管分销渠道仅仅是供应链的一个组成部分，但仍可被视为最早的旅游供应链研究。此后，直到 21 世纪初，Yilmaz & Bititci，Scavarda，Page，Tapper & Fond 率先开展了旅游供应链（Tourism Supply Chain，TSC）及其相似概念旅游价值链（Tourism Value Chain）和旅游产业链（Tourism Industry Chain）的描述性研究，旅游供应链研究逐步丰富起来。其中，Yilmaz & Bititci 认为，旅游供应链始于游客的订单，游客从中介机构（旅行社或者代理商）那里购买包价游产品，而这些中介机构则为游客安排相应的出游线路和服务商[51]。Tapper & Font 认为，旅游供应链是基于向游客提供旅游产品和服务的全体旅游运营商和服务商所组成的链条，这些企业有的直接与旅游经营商、旅游零售商或仅提供住宿的供应商合作，有的间接与之合作。此外还包括旅游者在旅游过程中直接向其购买商品或服务的目的地其他供应商，如住宿、交通、吸引物、酒吧、餐馆、纪念品和手工艺品、食品生产、垃圾处理系统以及对旅游业的发展起支持作用的目的地基础设施等，并且把垃圾循环利用和处理部门都纳入旅游产业链体系，从而构建了旅游产业链的完整体系[52]（见图 2-2）。Page 则认为，旅游供应链是区别于传统供应链的由不同利益相关者围绕共同目标所开展的业务活动和往来的功能性组合供应链[53]。国内，代葆屏将旅游供应链定位为一条既包括食、宿、行、游、购、娱服务提供商及服务提供商的提供商等前后服务提供商，又包括分销商、零售商直至最终用户的一切后向用户的链条[54]。李万平认为，旅游供应链是以满足旅游需求为目标，以旅游吸引物为核心所形成的包含旅游产品设计、生产、组合、销售，直到支持旅游者来到旅游目的地并进行各种旅游消费行为的组织和企业的整体网链结构[55]。

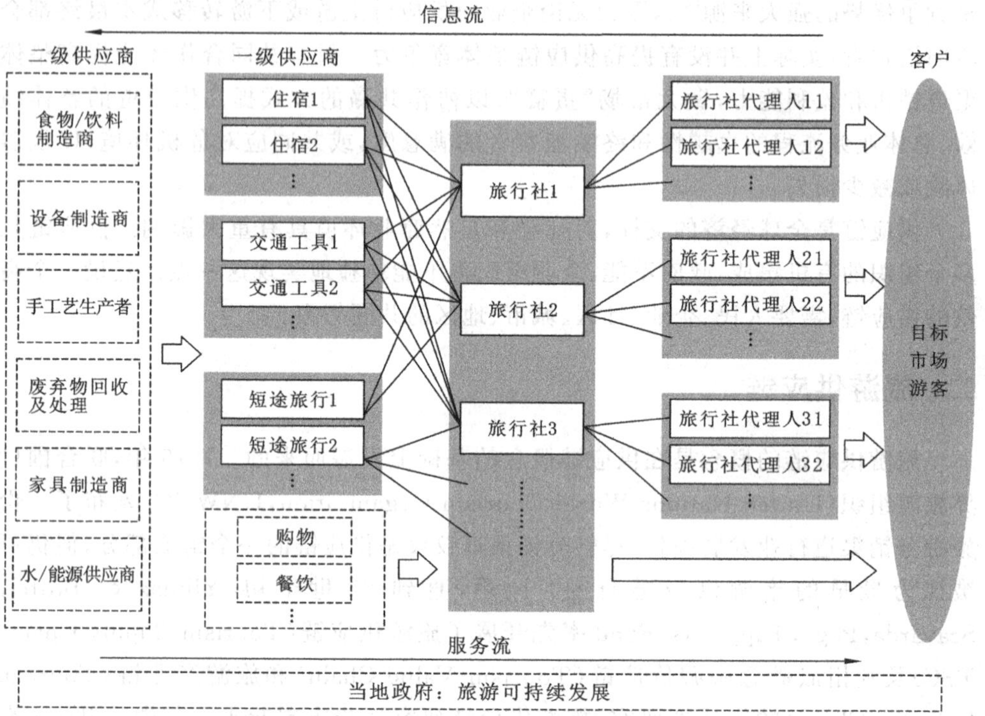

图 2-2　一个典型旅游供应链构成

（资料来源：Zhang Xinyan，Song Haiyan，Huang George Q. Tourism supply chain management: A new research agenda[J]. Tourism Management，2008，30(3).）

下面具体介绍国内外旅游供应链的研究内容。

（1）概念研究，尝试定义、描述旅游供应链，建立旅游供应链模型。研究热点是对 TSC 网络结构尤其是核心企业的探讨，大致包括三类意见：以旅行社为核心企业；以景区为核心企业；其他核心，包括以人为核心和以网络中间商为核心。供应链呈现随经济与旅游业发展的动态演化特征。

(2) TSC 管理，绝大多数文献聚焦于此，是 TSC 研究成果最丰硕的研究领域。热点主题是 TSC 上两方关系研究，有旅游供应商与中间商/代理商、景区与旅行社、酒店与第三方网站、酒店与旅行社、航空公司与旅行社，多采用博弈模型理论工具，对分销渠道下的相邻供应链主体的竞争与合作进行分析。

(3) 其他如 TSC 绩效评价、TSC 需求预测、供应链协同与创新等。此方面国内外研究成果均较少。

乡村旅游供应链研究很少，零星分布在整合优化、绿色供应链、乡村旅游+(农业、住宿业、互联网)等方面，影响力较小。目前，未见有乡村旅游供应链减贫相关研究。

总体看来，已有 TSC 研究以概念和关系研究为主：概念方面，缺乏对旅游供应链全面的认识，忽视了供应链上游原材料供应商、生产制造商等主体，未考虑自然生态、政府、组织协会、市场等环境变量，以及信息、人、财、物、商、等要素的流动，作为理论基础的 TSC 模型不明晰，缺乏一个有说服力的公认模型；关系方面，研究多为对供应链下游分销渠道竞合双方关系的局部研究，涉及的产业领域局限于服务业，而不是整条旅游供应链，对旅游供应链运作机制的探讨也十分有限。为数不多的乡村旅游供应链研究中，“什么是乡村旅游供应链”这一建基性问题并未廓清，作为理论基础的乡村旅游供应链模型不明晰，没有建立起完整的供应链体系。乡村旅游供应链减贫研究更是接近空白。

众所周知，旅游业并不是一个单一产业，而是由多种产业组成的产业群，旨在为游客提供“食、住、行、游、购、娱”“康、养、学、闲、情、体”等多行业生产的一揽子商品与服务，其“多对一”的供需模式决定了旅游供应链与旅游业的天然共生，同时也决定了旅游供应链综合性强、关联度大和带动性强的特点。旅游供应链涉及两方面：一是旅游服务(如交通、住宿、活动)的多维性和多样性需要企业间的合作；二是与供应链中的竞争对手、供应商、客户和/或公司整合协作是可持续生存和发展的必要条件。旅游供应链成员包括景区景点、旅行社、酒店服务业、餐饮服务业、在线旅游、交通业、休闲娱乐业、零售业、旅游监管部门、政府相关服务部门及其他相关行业[56]。供应链视角更强调旅游的整体性和行业间的联系性，链条各主体是同一利益共同体，除了竞争，更应从供应链共享共赢的角度协同合作，从而提高目的地旅游吸引力和行业竞争力。

第二节 乡村旅游供应链

一、全域旅游视域下以供应链视角研究乡村旅游的必要性

新时代背景下，我国旅游业进入战略提升、产业转型和结构优化的全域旅游时

期,产业呈现大范围、多元化、多层级融合发展的趋势,旅游新需求新业态层出不穷,极大地重塑和拓展了旅游业的结构形态和产业边界。旅游产业是关系人们生活质量的产业,是增强国民幸福感、提升国民健康水平、促进社会和谐的产业,被确定为支撑我国经济发展的战略性支柱产业。结合全域旅游理念来看,其“战略性”意义既在于经济结构调整上,也在于人民精神文化和生活质量提升的价值上。有专业人士指出,旅游业是拉动就业、改善民生、形成国家和地区综合实力的重要标志性产业,是国民精神文化享受、文明素质提升的重要行业。

伴随我国经济发展进入新常态,我国旅游业发展也进入新常态。据文化和旅游部统计公报显示,2019 年我国国内旅游人数 60.06 亿人次,人均出游近 5 次,入境旅游人数 14 531 万人次,出境旅游人数 15 463 万人次,全年实现旅游总收入 6.63 万亿元,旅游业对 GDP 的综合贡献为 10.94 万亿元,占 GDP 总量的 11.05%。旅游活动已成为普通大众的刚需,全民旅游、大众旅游时代到来,同时对传统旅游业空间、模式、场景、渠道、技术等提出挑战。尤其是年轻人作为旅游市场和消费的主力军,更追求自己的生活仪式感,追求体验感、品质感和情感满足,创造出如野奢、露营、旅居、山系生活、深度沉浸、冒险运动等一系列“出圈”需求,表现出旺盛的表达欲、探索精神、数字化依赖等特点的生活方式。

然而,随着我国居民收入水平的显著提高和消费意识的提升,并伴随现代信息技术的迅猛发展,旅游者对旅游目的地的选择、视角、评价标准、旅游方式、行为决策等均与以往大不相同,追求高层次、高品质且层次丰富的旅游消费需求。旅游供给虽由需求带动,但市场反应和转变相对缓慢滞后,多数旅游地的旅游供给还停留在传统的较低层次上,高品质、有创意、个性化的旅游项目和服务短缺。目前,国内旅游景区仍然主要集中于类型相对单一的观光型旅游产品,多数景区景点过分依赖门票经济、缺乏创意项目;旅游供给总量不足与酒店、客栈、餐饮、地产等行业产能过剩、季节性供需失衡并存,旅游产品的供给不能有效满足旅游者对旅游产品品质的要求而导致的供需错位[57],旅游供给结构与需求结构适应性较弱,旅游精品不足,低水平的盲目重复建设造成有效供给不足和无效供给过剩。旅游企业长期存在实力弱、规模小、分散经营问题,陷入上下游企业之间权力争夺和同行业企业间价格之战的内耗与纷争中,难以建立基于信任合作关系的战略性合作伙伴关系,造成高端消费者转向国外寻求供给,中端消费者认为不值得消费,低端消费者消费有限的尴尬局面。简言之,当前我国旅游业面临着消费者日益成熟理性、注重品质个性且层次丰富的旅游消费需求与高品质、有创意的旅游项目和服务供给短缺之间的矛盾。

矛盾产生的原因不能简单归咎于乡村高端产品不足或过剩,而是缘于低、中、高各层次市场中的精品不足,满足市场创新需求的能力不够,归根结底源于乡村旅游供应链未能充分适应和利用外部环境，未能高度协调复杂性和分散化的内部结构，旅游利益相关者协同创新困难。旅游各环节之间相互割裂、独自运营，旅游供应链上游供应商供给与末端旅游者多样化需求之间信息不对称，缺乏有效协同和高效链接，造成资源配置低效。全域旅游和新时代背景下，解决单个社群的边界受限问题，不再是单个企业，甚至单个行业之间的竞争，而应从整体供应链角度进行总体协调与平衡，实现跨界的联合和新机遇的创造。因此，应将供应链作为新的驱动力发展旅游业，全域发力，满足旅游者高品质、丰富化、多层次的旅游需求，为旅游者提供更好的旅游体验。

二、乡村旅游供应链减贫概念

乡村作为一个区别于城市的独特身份及其价值所在的聚落体系，其功能远不止是农业生产，作为乡村旅游目的地，作为娱乐、旅游、休闲、特种食品生产、消费和电子商务的场所也是乡村重要的功能之一[58]。乡村应当具有等同于城市的经济产业地位，保持独特的社会文化形态与文化机理，在与城市的“和而不同”中追求和实现充分均衡的发展。

乡村旅游供应链根植于农业农村。供应商和消费者之间通过乡村特定的供应链进行特定的交易[59]，创建某个专一主题市场供应链，如蔬菜供应链、粮食供应链、水果供应链等。若干供应链的生产者、加工者、分销商和消费者之间以水平的、网络化的方式相互连通，提供某一主题的旅游产品（或服务），以不断吸引游客；不同供应链之间彼此交织、相互作用，发挥协同效应，提供多样化、综合性、以当地人为中心的供应网络，提供整体旅游产品，从而转化为目的地乡村独特的吸引力和持久的声誉。

乡村自然文化资源既是观光体验、康体休闲、生态宜居等功能的综合体，也是中华文化发源和传承的重要载体[60]，是乡村旅游的资源依托，包含了自然生态、乡村文化、农产品与特色活动。乡村是旅游产品的生产源头，发挥着全国性基础产品生产和生态涵养、物种保护等多样化功能，乡村日益转变为农业生产、生活、文化、社会、生态等综合性空间。

从本质上讲，乡村旅游供应链减贫是一种多方主体共同参与的社会公共性活动，各参与主体需遵循平等合作原则，积极表达自身的利益诉求，形成多方协同、权责分明、合作共赢的伙伴关系，进而实现共同治理的目标。乡村旅游供应链是政府、村委会、合作社、企业、贫困人口等多元主体的有机结合。政府主导扶持是乡村振兴的根本保障；企业是资本输入和经营管理的市场基础和乡村旅游发展的活力要素；村委会是基层群众性自治组织，承担公共事务管理和协调各方关系职责；贫困人口积极参与是核心动力，由于其能力有限，在凸显其主体地位的同时，乐于接受其他主体力量的正面干预与支持[61]。

结合供应链概念，本书将乡村旅游供应链定义为以乡村经济、文化、社会、环境为背景，以发展乡村旅游为目的，依托乡村旅游资源，建立以政府为主导，以社区（包含贫困人口）为主体，各微观市场主体（包括旅游企业、旅游者、市场、公众、组织协会等）积极参与，以满足多渠道下旅游者商品和服务需求的乡村旅游整体功能网络。下面具体介绍乡村旅游供应链。

（1）根植乡村的空间概念性，横跨第一、二、三产业，产业关联性、带动性强。

（2）政府主导，社区主体，多方参与。

（3）旅游＋减贫的经济、政治双重目的性。

（4）链核不断动态演化。

随着乡村旅游供应链的逐步成熟，社区扮演越来越重要的角色。

三、减贫视角下乡村旅游供应链特征

（一）供应链构成复杂，协调困难

乡村旅游供应链的生产系统跨越多个行业，如住宿业、餐饮业、娱乐业、交通业等，类似于一个产品组合，乡村旅游提供商、供应商、交通运输商、旅游分销商作为组合产品的提供者，分布于不同地区、不同行业和不同部门，在满足游客需求这个大前提下，旅游供应链将这些提供“零部件”的企业组合起来。基于乡村经济的自身特征和旅游业起步较晚的事实，其旅游供应商通常以专门从事利基市场、零售或小型住宿的小型和微型企业为主，每个行业部门发展规模、能力水平、价值观念参差不齐，其他行业所没有的、企业提供“零部件”的独立性与旅游供应链提供“完整性产品”之间的矛盾突出。再加上行业规制和特点不同，乡村旅游管理者和从业者多由当地人口担任，知识文化水平和能力素质相对较低，乡村旅游供应链产品在认知和合作上很难协调一致。

（二）供应链功能欠完备，结构不稳定

现有多数乡村旅游供应链严重依赖农业休闲观光产品，功能集中在简单的吃、住、游几个环节，行、购、娱等功能严重缺乏，造成旅游消费仅停留在“吃农家饭、住农家院、赏农家景”的低维层面，众多游客无法满足符合自己心理预期和情趣偏好的特定需求。此外，由于乡村旅游依托农村农业，农业生产和生活受地域性、季节性、时效性影响较大，很大程度上造成单个乡村旅游产品供给具有显著的季节性和

周期性，旅游供应链企业生产同样具有明显的淡旺季之分。加之服务业生产与消费的“同时性”与“同在性”，旅游产品效用无法积存起来留待日后出售，极易导致乡村旅游供应链成员生存与合作不长久不稳定。乡村旅游供应链供给水平低，功能欠完备，结构不稳定，导致乡村旅游人次规模和人均消费均弱于城市旅游，供应链竞争力不强。

（三）供应链产业跨度大，经济带动性强

乡村旅游是典型的第一、二、三产融合发展产业，不仅承担着农业生产、工业原材料输出、满足城乡居民休闲娱乐的重任，还肩负着传承农耕文化、建设美丽乡村、开展农业科普的使命。我国乡村面积广阔，资源富集丰裕，旅游产品体系庞大，依靠种植、观光、体验、休闲、度假等旅游活动带动加工、住宿、餐饮、购物、娱乐纵向产业链同步发展，增进链上物质、信息、资金、能量不间断地多向交流交换，产生强大的产业协同效益和带动效应。

（四）区别城市旅游的价值增值链

乡村作为一个聚落体系有区别于城市的独特身份及价值所在，乡村旅游强调乡村互补于城市的经济产业地位及独特的社会文明形态、文化机理等乡村特殊价值，向旅游者提供一种可以疏放压力、释解乡愁、沉浸体验的乡村场域。因此，乡村旅游供应链构建应有别于城市旅游供应链，努力在乡村文脉和地脉中挖掘精粹、传承乡缘，在保留乡村根性的基础上重构乡土文明和文化自信，探索与城市旅游“和而不同”“平等互哺”的价值路径。

（五）政府和村民共同充当供应链核心角色

村民是乡村旅游资源的拥有者，理所当然是乡村旅游的主要提供者、受益者。但乡村旅游并不天然具有减贫属性，供应链上其他主体也不全部具备益贫的良善动机，需要政府在基础设施建设、资金、营销、技术等方面给予支持，并协调引导供应链各利益主体团结合作，保证旅游供应链参与公平和分配正义。

（六）供应链目标多重性

乡村旅游供应链具有经济效益、社会效益、生态效益等多重目标。目的地供应链成员中，旅游企业以追求利润最大化为主要目标；乡村居民既渴望生活水平的改善，又希望居住空间、环境和生态得到保护；游客追求旅游价值的高质量实现；政府和公共服务供应商一方面要确保分配正义和服务效率，另一方面必须考虑发展旅游的社会效益和生态影响，保证乡村可持续发展。

四、减贫视角下乡村旅游供应链类型

乡村旅游供应链类型的形成或选择与乡村旅游发展阶段、资源禀赋、地理区位、经济基础、发展定位、村民素质等多种条件因素密切相关。一般而言，按照组织形式、吸引力资源、参与要素等划分。

（一）依据组织形式分类

乡村旅游供应链发展初期，主要是村民主导型，即村民自发投资、自主参与模式，如个体农庄、联合经营，一般规模较小，减贫带动效应不强；也有企业主导型，采取“公司＋农户”模式，公司租赁土地、投资旅游项目和基础设施设备，村民自主参与餐饮、住宿等服务接待。这一模式有利于充分利用企业的雄厚资本和经营经验，扩大经营规模，但可能会因利益分配不均造成村民与公司的矛盾，且单一的营利性目的容易导致过度商业化而破坏乡村性，走向生命周期的快速衰落。

乡村旅游供应链发展中期，政府主导型占主要地位，政府组织旅游项目的开发和筹集资金，村民自主参与，这样不仅有利于乡村资源的保护和传承，也能够最大限度地实现全民参与，保证乡村旅游的惠民本色。

随着乡村旅游的进一步成熟，乡村旅游供应链吸纳更多成员，形成多主体类型，如“政府＋企业＋社区＋农户”模式[62]，发挥社区协会对旅游开发经营全过程的支持指导作用；或者“新型农业主体”模式，开发农民合作社、职业农民、家庭农场等新型乡村组织类型或角色[63]。未来可以尝试多元主体共存共进的供应链组织形式，村民主体、市场主体与国家主体交互共存，协调共进。

（二）依据区位与吸引力资源分类

1. 资源依托型供应链

资源依托型供应链拥有高品质的旅游资源作为强大吸引力。依据《旅游资源分类、调查与评价》(GB/T 18972-2017)，乡村旅游资源可以归纳为风景名胜类、休闲观光类、特色产业类、遗址遗存类、文化民俗类五个类型[64]。事实上，受地理经纬度、海陆格局、地形地貌、历史积淀、文化传承等各种因素的综合作用，我国不同乡村拥有自成一格的独特吸引力，在社会学、地质学、建筑学、天文学、人类学、美学等不同维度均具有独特魅力，其农耕农事、风土人情、生活方式等社会景观，山林湖田、风雷雨电、云霞霜雾等自然景观，民族民俗、村落建筑、饮食服饰等文化景观，彼此多样化复合成各个村域独一无二的资源禀赋，形成乡村旅游不可取代的魅力。

2. 市场依托型供应链

市场依托型供应链位于大中城市的郊区，具有良好的游客量和区位优势，有利于发挥“城市近郊效应”。城镇周边的乡村区域，依托城市近郊区位优势、市场优势，发展具有观光、休闲、度假、娱乐、康体、运动、教育等功能的乡村旅游产业，以乡村生态景观、乡村文化和农民的生产生活为基础，形成规模较大、基础良好的环城市乡村旅游圈。或者乡村区位临近景区景点，在文脉、地脉及社会经济等方面具有地域一致性，基于产业集聚效应或资源互补效应，形成与景区互惠共生格局。此类供应链拥有发展全域旅游的天然空间优势和市场客源优势。

3. 产业带动型供应链

对于具有较好的特色产业基础，且产业化程度较高的乡村，凭借产业发展形成的经济优势和吸引力，围绕特色产业或拳头产品，形成“一村一/多品”“一镇一特”产业格局，并在此基础上开发乡村旅游，深化扩展产业群，形成农工商贸一体化、产供加销一条龙经营，延长拓展乡村旅游供应链。例如，丽江永胜县三川实业集团有限公司，采用“公司＋基地＋农户”的农业产业化模式，以高于市场的价格收购优质生猪，既维护了优质、稳定的原料基地，又通过市场利益机制引导农民增强质量意识，有效保护并调动了农民养殖生猪的积极性，不仅推动了永胜县生猪养殖业稳步发展，更促进了农业大县粮食种植和饲料加工的转化增值，成为永胜县继粮食之后又一项产值超亿元的产业，带动了农民增收和相关产业的发展。

4. 特色项目型供应链

乡村充分发挥独特资源，运作特色主题旅游项目和专业细分型供应链，如汽车营地、历史遗迹、鸟类观赏、自然探险等专项旅游。2014 年，农业农村部围绕“美丽乡村”创建目标，总结倡导十大特色模式，有产业发展型、休闲旅游型、生态保护型、环境整治型、城郊集约型、文化传承型、渔业开发型、草原牧场型、社会综治型、高效农业型。当前，乡村旅游可以借鉴上述模式，紧跟市场潮流，进一步创新劳动科普项目、乡村微度假项目、节庆体验项目、体育运动休闲项目。

（三）依据供应链产品形态分类

乡村旅游产品可分为乡村民宿、农家乐、农业场(园)、乡村营地、乡村文博馆、文创工坊和习俗活动及以上功能综合体形式。以乡村生态景观、乡村文化和农民生产生活为基础的农家乐，以丰富的独特村镇旅游资源和交通条件为基础的旅游小镇，以原生态的古村落和历史民俗文化为基础的村寨游都是其产品类型，下面做具体介绍。

1. 农家乐

农家乐通常建在邻近主要旅游景点或靠近交通便利的大城市的乡村地区，以当地农民经营的微型家庭企业为主，主要为游客提供短期的休闲度假服务，以乡土住宿和餐饮服务为特色[65]。供应链关系建立在中国农村以亲缘关系为基础的社会结构和传统的集体主义价值观基础之上，村委会通常在社区旅游开发和目的地管理中发挥重要作用。供应链涉及游、食、住等旅游供应商，将乡村农业景观、生态景观、田园景观、生产生活场景与住宿、餐饮相结合，为游客提供观光、度假、休闲等服务和“吃农家饭、住农家屋、干农家活”的体验。表现形式有农家乐、度假山庄、休闲农庄、乡村俱乐部等。

2. 农业园

供应链核心企业为农业生产企业或生产组织，凭借农业土地或畜牧养殖资源，为旅游者提供农（牧、渔）业生产、瓜果蔬菜种植采摘、耕牧渔猎及教育科普等农业体验产品。表现形式有采摘园、租赁农场、共享农场、农业艺术园、农业博览园和特色庄园（如葡萄酒庄园、薰衣草庄园）等。

3. 休闲度假民宿

以拥有闲置乡村民居资源的农户为供应链主体，为游客提供住宿、休闲、度假、特色小吃等小型接待服务，便于游客体验当地自然文化与生产生活方式。表现方式有村居客栈、家庭旅馆、青年旅舍、乡村别墅等。近年来，依托乡村森林、河流、溪谷、山野、草地等开阔空间的新型住宿业态兴起，如野奢、露营、乡村度假屋、房车营地等度假项目，高尔夫、钓鱼、徒步、攀爬、越野、自行车等体育运动项目，成为逃离城市、追求自由和放松的新潮生活方式。

4. 民俗文化体验园

以整个村落为供应链核心企业，以乡村原生态的传统习俗、民族民俗文化、传统节日、节庆活动参与体验为旅游产品，为游客提供原汁原味的民俗风情体验，表现形式有人生礼俗、岁时节日、乡土美食、手工艺坊等。例如，武汉农耕嘉年华，策划了以现代农业生产活动为主题的狂欢乐园，包括玉米主题的守望乡愁馆、蔬菜主题的丝路印象馆、水果主题的甜蜜生活馆、兰花主题的多彩农业馆、蜜蜂主题的萌动世界馆和精品农产品展销馆，作物品种齐全，瓜果满园飘香，珍稀物种繁多，让游客能体验传统的农耕文化。

5. 特色旅游小镇

特色旅游小镇以保护和展示优秀的非物质文化遗产、民族文化、特色产业，增强小城镇发展能力为目的，打造主题特色鲜明的特色小镇，如建筑小镇、生态小镇、美食小镇、文旅小镇、健康小镇、商贸小镇，融商业、文化、休闲、娱乐为一体，具有休闲旅游、教育科技、传统文化、现代制造、商贸物流等多样化、综合型功能，不仅可以带动经济的发展、改善城镇发展面貌，也可以吸纳小镇周边一部分农村劳动力返乡和就业，是乡村旅游供应链的新形式。

第三节　减贫视角下乡村旅游供应链

一、乡村旅游供应链减贫内涵

乡村旅游供应链蕴含着减贫底色。2020 年实现脱贫攻坚以后，乡村旅游业承载着巩固脱贫攻坚成果、促进乡村振兴的重担。从乡村振兴的深远意义上看，旅游减贫不应该仅仅停留在物质层面，更应该考虑到社会和精神层面，将乡村旅游供应链作为一种驱动力，促进乡村的内生发展，包括推动农村产业结构的优化和调整，提高农村的文明程度和农民的素质，保护乡村生态环境，解决土地荒芜、空巢老人和留守儿童等社会问题，增加乡村的获得感、幸福感、安全感。

具体说来，乡村旅游供应链减贫内涵体现在以下六个方面。

(一) 发挥旅游供应链的连接功能，发展经济

发挥乡村旅游供应链的连接作用，把经济相对发达、消费能力强的客源地消费者搬运到自然资源和旅游产品丰富的乡村旅游目的地。将农村农业旅游资源转化为旅游服务业产出，将城市人群的消费能力转化为乡村民生改善的经济动力，通过股份合作、利润返还、保底分红等多种形式完善利益链，让乡村弱势群体合理共享供应链增值收益，实现经济独立和人格尊严。旅游供应链有望成为欠发达农村区域和城市发达区域寻找经济平衡发展的纽带。

(二) 发挥旅游供应链的辐射功能，发展区域和产业

旅游是通过空间变换而形成的经济现象。一方面，消费群体的集体性转移引起消费市场的规律性迁移，旅游者在旅游过程中的衣食住行都离不开旅游地商贸产业的支撑，庞大的旅游客流迁移带动本地餐饮、住宿、观光、交通、休闲、购物及娱

乐等综合性终端消费经济链，辐射交通、地产、商业、服务业等多个产业，形成本地产业发展的泛旅游产业集群。另一方面，信息、资金和技术等生产要素和政治、经济、文化、意识方面的信息要素由城市辐射向农村，增强区域联合效应，促进乡乡、城乡资源共享、文化融合、品牌合作，加快“产—城—乡”一体化进程。

（三）发挥旅游供应链的延伸效应，增加就业

通过旅游供应链的延伸，发挥物流的降本提质增效作用，降低农产品运输成本，扩大消费市场，带动各类农副产品的销售增长，带动经济发展，带来更多的就业岗位，消化乡村地区过剩劳动力。各类发展旅游、吸引游客的政策措施有利于改善乡村产业、就业、服务和居住环境，有利于促进农民转移就业和吸引在外人员返乡就业，为乡村振兴打下扎实的人力基础。

（四）发挥旅游供应链的增长功能，激发内生动力

乡村旅游供应链可以激发乡村经济新的增长点。宏观上，进一步解放和发展农村生产力，推动观光农业、科技农业、生态农业等加速发展，给传统农业增添附加值，有助于现代农业经济体系建设和农村产业结构的优化和调整，加快农业转型升级。微观上，激发当地村民投资、经营或参与旅游业，既能增加个体可支配收入，又能在此过程中宣传新观念新知识新技能，借助旅游业发展过程中的丰富实践和先进事迹引导精神文明建设，鼓励村民依靠自身力量、通过自我努力实现自力更生，激发乡村发展的内生动力。

（五）发挥旅游供应链的信息传递功能，保护乡村文化

利用旅游供应链信息流传递旅游者的消费偏好，以旅游者对乡村文化的欣赏和推崇为拉动力，促进优秀乡村文化的保护与适度利用。乡村旅游发展中，划定乡村建设的历史文化保护线，保护好农业遗迹、传统建筑、文物古迹、传统村落、民族村寨、非物质文化遗产、灌溉工程遗产等多样文化遗留，支持农村地区优秀戏曲曲艺、少数民族文化、民俗文化等传承发展。同时，通过旅游之窗吸收现代文化，形成新的文明乡风。

（六）发挥旅游供应链的拉动效应，加强生态文明建设

良好的生态环境是发展乡村旅游的前提基础。乡村旅游供应链拉动了农村基础设施建设，改善了基本的环境卫生条件，创建了干净整洁、文明礼貌的村容村貌；保护了原有的山水林田湖草，又通过对特色种植业、畜牧业、养殖业进行适合生态旅游业发展的重新规划，保留记录了村庄嬗变的风物；实现了农村废弃物的有效处

理和资源化利用，重视发展农村的清洁能源和再生能源产业，形成了绿色发展、低碳发展、循环发展的产业结构和生产方式。同时，在不断对外交流过程中，逐步唤醒乡村居民现代化意识，改变生活习俗，提升居民素质和文明程度。

二、乡村旅游供应链存在的缺陷

（一）乡村旅游供应链结构松散

长期以来，乡村旅游供应链处于结构松散的低效无序状态，表现为旅游地缺乏统一完善的全域旅游规划和顶层设计，旅游供应商资源丰度有限（依托本地，缺乏工业），旅游供应商能力良莠不齐，供应链上下游之间缺乏协调整合和长期稳定合作关系。在较小尺度的特定区域范围内，各乡村社会经济水平、自然地理环境、历史发展轨迹大致相同，村民生产方式和生活方式类似，加之长期以来对乡村物质遗产或文化习俗缺乏有意识的保护，以及受现代文明进程的影响，古村落、古遗迹、地域特色文化和原生态体验资源被破坏或丧失，旅游吸引力要素差异甚微。开发旅游后，受内外多种因素限制，乡村缺乏对资源的深度挖掘和统一的地域发展规划，乡村旅游供应链结构相似，提供的旅游产品和服务内容单一雷同、品质不高，同层级成员之间竞争为主、欠缺合作共享意识，最终导致旅游者体验欠佳、满意度不高，重游意愿低下。

（二）乡村旅游供应链时空场域价值发挥有限

空间上，乡村空间结构布局分散，旅游资源禀赋不均衡，空间功能单一，与城镇的空间融合度低，多数乡村仍以农业生产为主导，难以与乡村旅游地形成空间集聚，难以发挥旅居、商业、消费和生态等功能[66]；人居空间田园气息渐减，整洁性与卫生条件不理想，生态空间环境退化，文化空间凋敝，文明和谐之风式微，未形成一体化、集约化的产业空间。时间上，乡村旅游依托农业，季节性强，在很大程度上造成资金和资源的浪费，游客停留时间和消费内容受到限制。

（三）乡村旅游供应链信息化程度低，缺乏完善的信息系统

乡村旅游供应链内部未能建立起传播和交付顾客价值的信息共享机制，造成无法多渠道、便捷地与旅游者沟通，了解旅游者需求，顾客价值信息不能及时传递。接下来，供应链各成员应调试企业内部流程以及供应链各环节的合作流程，以更好地适应将顾客价值信息转化为实际行动的需要。数字化浪潮下，乡村智力资源不足以支撑数字技术的设计、融合、应用，即使一些旅游经营者掌握了大量游客旅游

体验与需求信息，产生了很好的创新创意想法，但由于无法实现供应链协同而错失了增加游客价值机会。信息和技术障碍成为乡村旅游减贫的最大痛点。

（四）负外部效应显著

长期以来，我国旅游界在旅游发展中树立了旅游业“无烟工业”的理念。随着旅游产业规模的不断壮大，旅游产业链不断延伸，旅游产业链所涉及的旅游交通、旅游产品生产与供应、消费、景区开发及旅游基础设施建设等对旅游地的环境与资源带来了巨大压力。一方面，旅游者的出行带来了碳排放的增加。旅游者在旅游出行活动中的旅游交通、住宿、餐饮、娱乐等会带来大量的碳排放，国内不少学者引入生态足迹的概念来计算和评估某一地区旅游发展对当地生态环境造成的负外部影响程度。一些国内知名旅游地和景区已经出现生态赤字，表明大量旅游者的涌入使当地所能提供的生态生产能力面临供给不足，导致旅游地处于非可持续发展状态。另一方面，在旅游业发展中，为了维持旅游活动的运营而开展的旅游物资供应、旅游商品生产、原料采购、旅游接待及配套设施建设等活动因旅游产业链成员缺乏合作与低碳意识，让旅游行业成为一种高耗能、高排放的行业。

（五）乡村旅游供应链创新能力停留在初级层次

很多地方的乡村旅游供应链至今仍停留在“农家乐”层次的初级供给上，只发挥了简单的田园观光和餐饮休闲功能。究其原因，主要根源在于内部，农村集体建设用地流转尚未有明确的法律保障，属于优良资源的森林、水域的旅游利用，乡村地区基础设施（如交通条件、电力通信、给水排水等）受到诸多限制。从根源看，人才、智力、资源依托、开发主体、产业要素等方面的弱势导致乡村旅游供应链先天动力不足、创新能力严重缺乏。外部影响因素上，旅游需求特征的变化、旅游者消费经验的积累、城市休闲娱乐产品的丰富、自驾车出游半径的扩大等，使乡村旅游供应链面临其他旅游供应链的强烈挑战。

总体说来，在乡村旅游由“供给导向”向“需求导向”的转型时期，乡村旅游供应链在主体结构、信息化程度、创新能力、价值发挥等方面都不够成熟，在推动乡村旅游走向高质量发展和全面振兴道路上亟待更多有益探索。

三、全域旅游视角下乡村旅游供应链减贫常见模式

（一）旅游供应链联盟

政府通过产业规划、政策扶持、示范引导，促成本地乡村旅游供应链上异质企

业之间垂直合作，如乡村民宿和本土餐饮；供应链同一层级的同质企业之间横向合作，如区域不同乡村民宿之间联合营销。与本地旅游研发设计企业、旅游网站、旅行社、广告企业、信息企业、技术企业深度对接，并可进一步与其他如电子金融服务、电信网络等延伸服务结合，为顾客提供增值服务，形成契约联盟，促进供应链上各节点企业的协同发展。

对于实际条件有困难的乡村，可以进一步探索虚拟联盟模式，以乡村旅游实体企业为核心企业，将供应链上游产品规划或景观设计、项目策划异地外包，与供应链下游实力雄厚的旅游分销商构建网络营销体系，保留本地旅游资源和服务核心竞争力，以此实现垂直分工一体化的供应链网络。建立健全供应链合作机制、利益机制与监管机制，依据旅游地特色与目标形象、节点企业在供应链中的表现、供应链运作成效等实际效果，动态调整供应链成员，保持乡村旅游供应链的活力和竞争优势。

（二）跨界共享旅游供应链

旅游业作为一种涉及要素众多的综合型产业，其产品供给质量和效率提高不仅仅是某一个主体努力的结果，只有产业各主体各尽其责并相互协作，才能确保整个产业的供给效率和竞争力[67]。一个旅游地与其他旅游地展开地域合作、功能联动，打造跨区域组合旅游精品，联合宣传促销，做到资源、产品、组团共享，形成区域旅游发展协同效应。在跨区域建设旅游景区或目的地方面，应跳出行政区划限制和惯性思维，化解旅游资源的“无边界”和区域的“有边界”的矛盾，加强旅游行政管理部门与其他部门的协调与整合[68]。区域内部，建立不同部门、不同分工、不同功能有机结合、良性互动、协调推进的体制机制，发挥各方优势，协调部门利益和整体利益的冲突，践行共享、合作、共赢理念。

旅游又是一个无边界的产业。发展“旅游＋”，进行跨界融合是孕育创新产品的常用路径，也是实现全域旅游的最根本措施。例如，2023 年春节旅游热点中，出现了产品跨界融合形成的供应链协同效应。“飞天秀”是文学、舞蹈、威亚与旅游的行业跨界创新，喜兔茶话会是黑茶文化、非遗技艺、吉祥文化与旅游活动的跨界融合。就旅游产品而言，发挥不同乡村在各类物质与非物质资源上的独特优势，在产业跨界融合上，不仅可以与文体娱乐、交通、教育、康养、文化等第三产业融合，也可以融合第一产业、第二产业，发展现代农业旅游、工业旅游、产城融合，紧跟市场需求，促进房车、自驾车露营、邮轮游艇、低空飞行等旅游新业态发展；在营销渠道上，加强与旅游电商的合作或支持自有特色旅游电商开发，实现线上旅游与实体企业的融合发展；在客源上，加强与境外客源地，如日、韩、美、德、东南亚等国际旅游供应商、航空公司的合作。需要注意的是，无论怎样搭建共享平台，“旅游＋”必须立足本地特色，因时因地制宜，优先领域重点突破，实现产品创新，在供给端提高旅游产业水平。

（三）多核式延伸旅游供应链

全域旅游要求乡村从生产空间向消费空间转变[69]，强调乡村旅游由单一的观光休闲向多功能转型[70]。在旅游广度上，根据旅游者性别年龄、旅游偏好、身份地位、文化素养、审美情趣、消费观念、旅游目的等确立不同的旅游主旨，实现旅游产品向休闲度假、文体娱乐、康体医疗、猎奇探险、亲子体验、文创研学等多样化不同类型的旅游产品过渡，推动目的地慢行道、休闲娱乐空间建设，打造“点—轴—面”全覆盖的全域旅游。旅游地根据自身资源禀赋特色，重点打造一种或多种旅游主题，形成景点景区式、休闲度假式、娱乐康体式、美食式、购物式、研学式、事件式等多核结构，并且可以将多个核心复合起来，形成多核联动模式，以实现旅游吸引力叠加，加深旅游者印象，增强旅游竞争力。

在旅游深度上，深度发掘以上各个旅游核心主题，实现旅游供应链垂直延伸。例如，山东菏泽牡丹花会，随着影响力的不断攀升，牡丹主题旅游供应链迅速延伸，“赏牡丹—牡丹特色餐—牡丹主题酒店/客房—牡丹高档工艺品—牡丹化妆品”，覆盖了旅游食、住、行、游、娱、购各个方面，实现了跨行业供应链整合。只有注重各个核心游客体验和可参与项目，才能延长游客在旅游过程中的停留时间，拉长旅游区域和时间跨度。要想进一步留住游客，将“一日游”拉长至“数日游”，旅游部门还需要进一步解放思想，积极寻求与农、工、文、体等部门的跨界合作，追求跨行业、长链条的深度游。菏泽旅游可进一步与农林部门合作培植牡丹新品种，与文化部门共同挖掘牡丹文化内涵，开展牡丹诗词大会等，将牡丹核心主题发挥到极致。

（四）智慧旅游供应链模式

信息技术、人工智能的飞速发展和普及，规模性地改变了旅游消费习惯和交易方式，并引导旅游消费新趋向，在旅游供给和需求之间形成信息落差，呈现旅游消费倒逼旅游供应链改革的态势[71]。数字经济不是城市旅游的专利，同样可以成为“农民、农业、农村”和旅游者组成价值共创体系的帮手[72]，为乡村旅游供应链提供新的要素和持续动力，帮助乡村旅游搭上高科技的快车。

1. 新媒体智慧旅游营销

旅游智慧营销是指旅游目的地或旅游企业借助现代化的互联网、云计算、大数据、人工智能等技术，结合自身资源和能力，对旅游者开展更加精准的旅游营销。相对于传统的旅交会、推介会等手段，互联网主导的新媒体为旅游营销开辟了新渠道与新形式，从多个角度与客群形成互动与吸引，使营销更加贴近旅游消费客群，更能满足消费客群的多样化需求。尤其在自媒体时代，旅游者的旅行去向、旅游方式和旅游需求等，日益受到朋友圈、权威媒体、影视作品、焦点事件、媒体广告和意见领袖等方面的影响，旅游地更应当建立以大数据分析、社交网络、移动终端为主体的旅游新媒体体系，推进智慧旅游营销。比如，2018 年 10 月，北京故宫与腾讯合作举办"Next Idea×故宫"腾讯创新大赛，随即推出《穿越故宫来看你》的 H5 作为邀请函，以"皇帝穿越"为主题，引入说唱音乐风格，互动性、刺激性非常强，借助互联网、新媒体等力量，融合 IP、跨界等元素，仅上线一天访问量就突破 300 万人次，完美诠释了智慧旅游营销。

2. 数字技术驱动智慧旅游体验

科技创新是供给侧结构性改革最重要的内容，它的引入在旅游业内能增进生活性服务业的技术创新规模和深度。新技术可以以更加亮眼、更加活泼的方式助力传统旅游"活起来"。通过科技与自然、人文融合，采用新的创意，与更多新领域跨界融合，推动旅游地的宣传、旅游体验的深入、旅游内涵的表达、旅游吸引力的创新、传统文化的传播和传承，给旅游者带来更加便利、生动的旅游体验[73]。例如，云南省智慧旅游平台"一部手机游云南"，通过政府提供的平台，利用大数据，为旅游者提供门票预订、导游导览、语音解说、AI 识景、慢直播、找厕所、线路规划、餐饮住宿、旅游交通、智能急救、投诉维权等便利服务，一个 APP 包含了整个旅游供应链服务，致力于打造云南诚信旅游系统，营造云南旅游新生态。

数字化浪潮推动旅游业持续与数字科技融合发展，数字传播、虚拟交互等数字技术成为旅游市场产品迭代和产业创新的主要动力，元宇宙、虚拟空间等新奇体验将旅游者的身体和感官高度媒介化和无限延伸。现代技术元素融入静态的、陈列式的观光旅游产品中[74]，将旅游地代表性的景点、部分游客难以抵达的景区、无法窥得全貌的风景、难以理解的深奥文化，通过语音讲解、AR 体验、航拍、视频直播等方式，更全面、更生动地展示给游客。例如，丽江玉龙雪山、三江并流景观的 AR 体验、丽江古城全景航拍、纳西文化、东巴文字直播讲解，给游客带来更具有代入感、沉浸式的全面旅游体验。全域旅游的场景和场域被无限放大和拓展。

3. 大数据智能旅游舆情监测

旅游舆情是指来自旅游消费者（游客及潜在游客）对旅游目的地、旅游企业和旅游过程的印象、评价、需求，以及其他与旅游相关的意见、态度等相关信息的综合[75]，是旅游大数据的有机组成部分。自媒体时代，旅游舆情智库的调查显示，有超过九成的游客会利用手机移动客户端或互联网在"食、宿、行、游、购、娱"等环节进行消费，他们通过QQ、微信、微博或跟帖、评论，对行程中的机票酒店预订、出行、住宿、餐饮、游玩、购物甚至厕所等发布自己的见闻与感受。

旅游舆情监测整合互联网信息采集技术及信息智能处理技术，对互联网旅游相关海量信息进行自动采集提取、聚类、主题检测追踪、倾向性分析，人工后期解读、分析，实现对网络中与旅游相关大数据的全面采集，主要关注旅游目的地旅游传播力、旅游吸引力和旅游市场秩序。通过旅游舆情监督，旅游消费者可以准确对旅游地进行客观评价，有助于旅游目的地的战略定位与精准营销，有助于旅游业态与产品的创新，有助于发现制约其旅游市场发展的因素和问题，并重点开展危机预警和危机管理服务，为相关部门和企业有效进行事前控制提供服务与决策支持。

（五）虚拟敏捷旅游供应链

近年来，散客旅游成为旅游市场主潮流。散客对旅游供给的多样化、个性化和信息的动态化、即时性都提出了更高的要求，新的散客需求与旅游服务特征使柔性服务成为至关重要的竞争因素。在此情况下，传统的供应链运作与管理模式必须向敏捷化方向转变，通过整个供应链的优化运行促进旅游企业间的联合，提高供应链对市场变化的快速响应能力和柔性服务能力。作为各种旅游服务的集成商和分销商、起着连接旅游各方纽带作用的旅行社，必须及时以游客的需求导向创新转型，成为新型敏捷供应链的核心企业，摆脱传统的纵向一体化方式或者单个企业的独立运作模式，将旅行社服务角色由单一的旅游中介平台拓展为始于游客需求的个人定制式、松散式、小团式、多点式旅游的休闲顾问、度假助理，利用“互联网＋”，加强线上线下旅游旅游服务商的合作，如携程、途牛、驴妈妈、美团、饿了么，整合不同旅游服务商优势资源，转向虚拟旅游、定制旅游或旅游O2O等新领域及新业态。

（六）可持续旅游供应链

绿色发展是实现生产发展、生活富裕、生态良好的文明发展道路的历史选择，是通往人与自然和谐境界的必由之路。旅游业的可持续发展离不开绿色供应链理念，而绿色供应链理念的践行离不开供应链的每一个主体在旅游规划、开发、管理、服务、消费全过程中按照生态的原则来规范自身行为。同时也可建立绿色保障制度体系，构建绿色旅游产业盈利机制，打造区域旅游供应链，加强合作、联合营销等路径，共同保护环境。

苏格兰旅游与环境专门工作组制定了五项绿色准则：任何企业生产行为不得伤害环境；通过高标准设计，以代表地方历史与文化传统的方式生产；使用当地员工，采用当地工艺；以可持续利用地方特定资源的方式生产；监控项目的环境影响，必要时采取纠正措施[76]。构建绿色旅游供应链，将“绿水青山”变成“金山银山”，为老百姓创造更多的绿色财富和生态福利。

低碳旅游供应链是绿色旅游供应链的相近概念，更加聚焦于减少碳排放，为绿色供应链树立了更为明确的目标。低碳供应链比传统的低碳旅游涵盖了更多的主体，具有更丰富的内涵，要求从供应链整体层面实现旅游产品从生产到消费以及能源利用的低碳化，不仅要求旅游者低碳出行和低碳消费，还强调旅游参与企业低碳技术的研发、低碳化运营、全行业推广应用，并由政府部门提供政策支持和监管，为低碳供应链实施保驾护航。

下面具体介绍可持续旅游供应链内涵。

(1) 强调将所有供应链阶段和最终产品的可持续性纳入其生命周期和开发过程。

(2) 包含旅游的自然环境、社会文化环境和经济环境。

(3) 创建反馈、持续学习和改进流程的逆向物流流程。

Sharpley 较早对乡村旅游可持续发展进行了研究，认为乡村应致力于构建本地旅游供应链，鼓励工艺品生产本地化以促进本地经济增长，同时应关注生态环境的承载水平[77]。此后，国内外学者从经济、社会、制度、生态、文化等角度研究乡村旅游可持续发展，如利用乡村旅游转变农民增收方式、改变农民生活方式、提高农村的文明程度，吸引外出务工的农民回乡创业，解决土地荒芜、空巢老人和留守儿童的问题；保持农村的自然属性，通过维持小规模经营，确保社区参与、乡村文化的传承与自然环境的保护；构建公平公正的制度，让社区积极参与管理和权利分享；不应过度追求经济效益，而忽视旅游目的地的环境承载力；深度挖掘与乡村自然、人文、历史相吻合的文化内涵[78]，保持乡村原始、真实的文化，是保证乡村旅游可持续发展的关键。

第三章　滇西北乡村旅游供应链减贫现状

乡村旅游供应链的构建与培育既能进一步为乡村贫困人口寻求增收空间，又能有效避免发展旅游给乡村带来的各种负面影响，是乡村旅游可持续发展的有效途径。本章通过案例研究和供应链逆向追溯法，对中国滇西北的乡村旅游供应链进行了田野调查，寻找乡村贫困人口主要参与旅游供应链的途径，总结目前乡村旅游供应链在减贫实践中面临的困境，最后立足贫困人口视角，提出乡村旅游供应链延伸、共享、定制、绿色、本土化等对策。

第一节　研究方法与资料来源

一、研究方法

本章采用案例研究法，对中国滇西北的丽江宝山乡、拉市镇、黎明傈僳族乡（简称“黎明乡”）、香格里拉雨崩村等乡村的旅游供应链进行历时性的田野调查，采用乡村旅游供应链逆向追踪法，理清乡村居民主要参与旅游供应链的途径方式，总结乡村旅游供应链在减贫实践中面临的困境；同时，将滇西北大理古城、喜洲镇、双廊镇等地作为参照比对案例地，借鉴和汲取较为成熟旅游地经验，通过对比反思学习、取长补短。本章采用项目组成员头脑风暴法，提出减贫视角下乡村旅游供应链培育对策。

二、资料获取

案例获取分为两个阶段。第一阶段为 2019 年 7 月至 2020 年 10 月，项目团队成员分组、分期对几个案例地展开调研，为保证调查结果的真实客观，项目组成员仅采用非参与式观察方式，以游客和观察者的双重身份进入目的地乡村，与其他游客一样到景点、餐馆、民宿客栈、购物商店等参与体验、消费，记录田野笔记。第二阶段为 2020 年 10 月至 2021 年 10 月，为获取更加完整、深入的资料，跟踪乡村旅游扶贫成果，项目组进一步采用半结构性访谈法对旅游供应链不同参与群体 136 人，包括政府人员、企业经理和员工、当地居民、旅游者等，进行访谈。

访谈采用半结构化的方式，既能确保访谈问题有足够的覆盖面和正确的伦理程序，又便于受访者自由表达和补充信息。出于保密和匿名目的，隐去受访者的工作单位、职业和姓名，用编码代替。访谈方式部分通过面对面方式进行，部分采用电话、线上沟通工具远程交流。基于高效访谈和减少打扰的原则，每次访谈时间控制在20～40分钟。在得到受访者允许的前提下，访谈内容通过录音和笔记两种方式记录，以确保数据的可靠性和内部效度。为了方便问询记录和交叉验证，项目组采用二对一方式，获取真实详尽的一手资料。整个调研期间，项目组成员采用周期例行性头脑风暴法，对某一具体问题展开分析、讨论，以形成更加清晰、创新性的见解；同时，注重收集相关性的政府资料、工作报告、媒体报道等公共信息，用来完善和验证本研究的初始结论。

三、案例地概况①

双廊镇和喜洲镇都是云南大理市的历史古镇。喜洲镇，位于大理市北部，常住人口63 914人（2017年），以白族为主，辖13个村，面积167.81平方千米。双廊镇，位于大理市东北部，洱海东北岸，常住人口18 890人（2017年），分布于39个自然村，全镇总面积为218平方千米。凭借较丰富的历史文化资源和较早的发展历史，乡村旅游发展较为成熟。

宝山乡、拉市镇、黎明乡隶属丽江市。宝山乡，位于玉龙纳西族自治县东北部，属亚热带高原干热河谷气候，主要地形有山地、河谷、沟壑三种，海拔落差大，全乡下辖5个行政村，行政面积480.7平方千米，户籍人口8 925人（2019年）。2011年，宝山乡农民人均纯收入2 584元。拉市镇，位于云南省丽江市玉龙县城西面，总面积159.7平方千米，有28个自然村，户籍人口17 412人（2019年），有纳西族、汉族、白族、藏族、彝族等聚居于此。黎明乡，地处高寒山区，是傈僳族的聚居地，有农户819户，常住人口8 910人（2017年）。相对大理市的双廊镇和喜洲镇，宝山乡、拉市镇和黎明乡受区位、交通、资源环境和基础设施等的掣肘，乡村旅游发展一般。由于山区土地资源贫乏，传统农业、畜牧业难以形成产业，当地居民收入渠道单一，增收缓慢。

雨崩村位于云南省迪庆藏族自治州德钦县，是处于梅里雪山腹地的藏族村落，四面环山，古时只有一条人马驿道通向外界，现在交通仍不发达，全村只有二十几户人家，仍保留着乡村旅游的原生态和最神秘的面纱，是中外游客心目中真正的“香格里拉”。

① 注：案例地详细情况将在本书第七章介绍。

第二节　滇西北乡村旅游供应链减贫实践困境

一、乡村居民参与旅游供应链空间分布

乡村旅游减贫的核心问题是乡村贫困人口的获利与发展。本书借鉴郭舒的产业链追踪法[79]，采用乡村旅游供应链逆向追踪法，对案例地旅游者在目的地全部消费的各条分支去向层层递推追踪，梳理旅游经济与当地各行业之间的关系，摸清贫困机理，寻找贫困人口拥有资源与就业岗位的匹配关系，寻找适合贫困人口参与的价值切入点。由乡村旅游供应链逆向追踪体系（见图 3-1）可见，乡村居民参与乡村旅游供应链的空间层级可以分为下列三层。

（一）旅游供应商层级

参与“食、住、行、游、购、娱、康、养、闲”各大类旅游业务模块的一级供应商，直接为旅游者提供服务。“行”模块中，乡村居民主要参与短途交通及停车服务，比如景区景点内的电瓶车、索道、骑马等特色通行服务；“住”模块中，主要从事酒店/客栈的保洁、安保、维修服务，或提供民宿、客栈、露营等自营服务；“食”模块中，主要以农家乐或摊点形式向游客提供当地小吃、烧烤、零食服务；“游”模块中，以导游、向导、售卖门票人员身份参与景区景点或娱乐服务；“娱”模块中，以演员参与演艺、表演或文化休闲、民俗互动项目；“购”模块中，从事旅游纪念品、手工艺品、土特产的售卖；“康”模块中，为游客户外活动提供场地、器具或人力服务，或从事帮助游客疗养、康复工作；“闲”模块中，以农业资源为游客提供耕种、采摘等生态体验或钓鱼、棋牌等休闲服务。

（二）旅游提供商层级

旅游提供商是为一级供应商提供资源、产品或服务，间接参与旅游接待服务的层级，也可以称为二级供应商。例如，为旅游经营者（民宿、客栈、景点）提供房屋、土地等旅游资源，为交通、建材、加工制造提供所需设施设备，将农产品加工成餐饮所需，如米面油酒肉、熟食、罐头、奶制品；为住宿提供纺织日化产品；承接产品外包服务。总之，为旅游配套服务提供劳动力资源是乡村居民参与旅游业的重要领域，负责乡村目的地的基础设施、建筑景观、环境风貌、公共服务和运营管理的维护、引导、清洁、管理等工作。

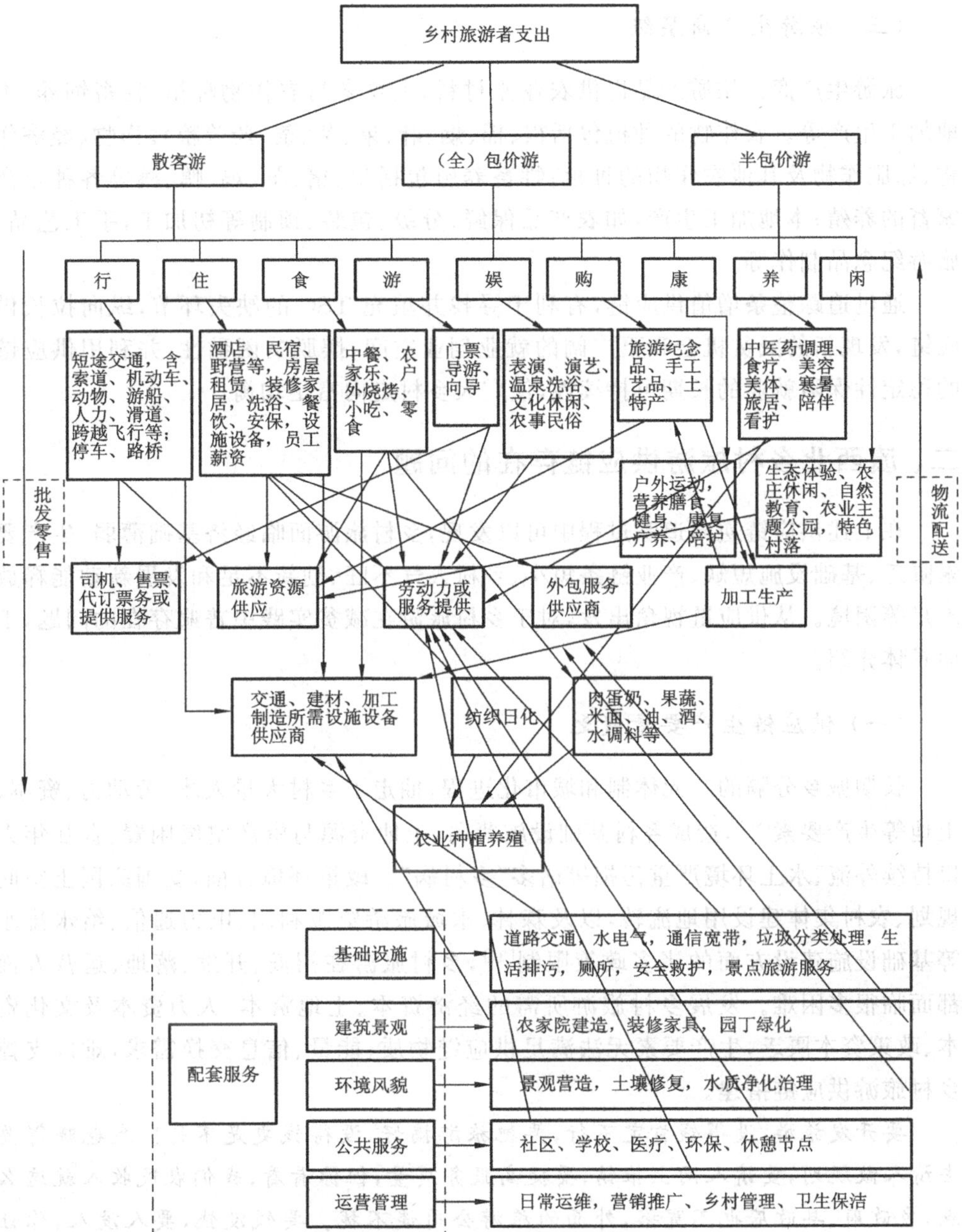

图 3-1 乡村旅游供应链逆向追踪体系

（三）旅游生产商层级

旅游生产商为旅游产品提供农业原材料，主要参与农作物种植、牲畜饲养、本地加工生产等。农作物的种植包括粮、棉、烟、麻、果、菜、茶、药等粮食作物、经济作物、绿肥作物及其他农作物的种植；牲畜养殖包括牛、猪、羊、鸡、鸭、鹅等各种家禽家畜的养殖；本地加工生产，如农产品保鲜、分级、包装、预制等初加工，手工艺品、旅游纪念品制作等。

通过追踪整条增值供应链，有利于寻找并填充 TSC 的缺失环节，纵向拉长供应链，发现新的减贫机会和更广阔的就业创业空间，摆脱贫困黏性，并利用供应链的稳定性保障就业的长期可持续性，使广大乡村走向富足均衡。

二、滇西北乡村旅游供应链存在的问题

在上述供应链逆向追踪过程中可以发现，乡村旅游面临经济基础薄弱、生产要素匮乏、基础设施短缺、产业链条短小、乡村人气不旺、创新不足和发展新动能释放不足等困境。从供应链视角出发，对于乡村旅游在减贫实践中普遍存在的问题，下面具体介绍。

（一）供应链生产要素匮乏

长期城乡分隔的二元体制和城市化进程，抽走了乡村大量人才、劳动力、资本、土地等生产要素[80]，造成乡村基础设施薄弱、土地资源与资产空废闲置、青壮年人口持续外流、水土环境严重污损等诸多“乡村病”。政策环境方面，受国家国土空间规划、农村集体建设用地流转，以及森林、水域旅游资源利用、电力通信、给水排水等基础设施建设方面的诸多政策限制[81]，乡村旅游在招商、开发、落地、运营方面都面临很多困难。发展乡村旅游所需的经济资本、土地资本、人力资本及文化资本、政策资本匮乏，生产要素无法满足供应链物质、能量、信息交换需求，难以支撑乡村旅游供应链搭建。

要开发旅游，没得钱肯定不行，要把旅游搞好，没得钱更是不行！我也晓得要去请人做规划，要请人网上推销，要提高服务质量，但你看看，我们农民收入就这么点，乡政府、县政府也不宽裕，外面的旅游公司谈不拢。要钱没钱，要人没人，你让我咋个整？——村干部 V03

（二）供应链延伸不充分

乡村贫困人口受原生性生产、生活方式的束缚，身份角色意识转换迟滞，旅游

供应链参与集中在第一产业的种植养殖，以及第三产业的旅游资源供应与劳动力、服务提供。现有服务规模小、档次低、项目单一，对于“两头连”的第二产业涉足较少，对农产品的初加工、深加工、综合加工，承接加工外包服务，手工坊、个体经营等方式参与不够，创新精神、创业意识有待提升。

我们几十年都是这样过的，只会跟土地打交道，也不愿意出去打工，自己干点个体户也没那个脑子……挣钱不容易，就这样混吃等老吧。——村民R023

（三）缺乏供应链主体协同

旅游开发设计者、提供商、供应商、旅游者之间存在信息割裂，导致信息扭曲失真，旅游者真正的需求难以在开发设计环节中与供应链末端之间双向传递，客户满意度降低，导致旅游经营的不确定性与风险增强。供应链信任机制不健全，各主体往往只注重自身利益最大化，不愿共享客源、信息、技术，缺乏协同互助的合作精神，造成“双重边际效应”，损害供应链整体声誉与共同利润，最终市场割据，各自为战，市场响应效率低下，共赢难以实现。

长期以来，我国旅游供应链企业对抗竞争激烈，旅行社、酒店、景区、购物店之间通过契约建立的整体约束很容易被选择降低企业自身边际成本的诱惑所取代，信息不对称滋生道德风险，缺乏政策监管和保障机制，供应链整体利益最大化难以实现。——政府部门G01

（四）供应链柔性不足，同质化普遍

受自身地域、能力的限制，乡村几乎不具备旅游供应链源头的开发设计能力，只能在旅游开发模式上互相模仿，导致村容村貌村风建设呈现外在形式上浅表化、符号化，而忽视了内涵表达和特色表征。农家乐似乎成为乡村旅游的代名词，旅游产品单一化、同质化严重，缺乏核心竞争力，很难在与周边市场竞争中长期立足，贫困人口增收成为无源之水。

感觉（乡村旅游）去哪儿都一样，相似的农家，相似的饭菜，相似的体验活动，骑马划船一类的，春天的时候看看花，秋天的时候摘摘果，没多少区别，缺少乡村灵魂。我想象的乡村旅游就应该像雨崩一样，天然、纯净，可以让人看淡一切。——旅游者T008

（五）贫困人口供应链参与能力弱

资源禀赋高的旅游社区，普遍存在外来投资者进入经营，其资金、管理、营销等方面优势会对乡村旅游内生发展造成挤压，缩小本土居民自主经营空间。即使乡村内部，也存在着旅游收益大比例被“乡村精英”占分、贫困农户收益有限的现象。

乡村贫困居民多以提供劳动力的方式，如司机、餐饮服务员、保安、保洁等角色参与到旅游产品或服务供应，但工资收入不高。囿于学识、经验、资本的不足，难以获得工资收入较高的岗位。而乡村旅游对贫困人口拥有的资源，如土地、房屋、手艺、文化等开发利用不足，导致其也较难获得资本收益（如土地出租、股本收益等）或技能收益，造成乡村贫困人口参与程度低、形式单一、收益有限，难以真正共享发展带来的红利的结果，一定程度上背离了乡村旅游减贫的惠农性初衷。

我们本地人最好的收入来源就是房屋出租，那你得有位置好的房子才行。有实力有能力的也有自己经营的，但毕竟是少数，还不一定能挣到钱。你拿什么跟外地老板们比？人家比你有钱、有知识、有头脑、整得来。我们没文化、没技能，就只能出出苦力维持生计。——本地居民 R16

（六）人才问题突出

乡村贫困人口普遍存在老一代受教育水平低，新一代“三低一高”（入学率低、升学率低、巩固率低、辍学率高）现象。受经济水平、地理区位、医疗卫生条件、发展机会等多种因素的限制，人才改善计划效果不佳。有知识、懂技术、经验足的专业化高素质人才缺乏，知识贫困代际传递，人力资本水平大大限制了贫困人口参与旅游开发经营的程度和层次，制约着乡村旅游供给侧结构性改革。

乡村人才现状可以形象地总结为两句话：“老的没文化，新的不回来。”“外来人才引不来，引进来又留不住。”没有人才，乡村旅游供给侧（结构性）改革举步维艰。——村干部 V01

（七）对绿色供应链重视不够

传统乡村旅游产品生产制造的“开采资源—原料投入—加工制造—产品消费—废物丢弃”的单向线性模式具有“反生态性”，旅游需求的急剧增加导致乡村地区水质污染、土地毒化、垃圾遍布、空气质量下降，居住环境恶化，如此对环境无止境倾轧最终使资源枯竭、生态退化，乡村生产生活难以为继，旅游发展更是无从谈起。

（发展旅游）这些年我亲眼看着周围环境一天天变坏，（拉市）海子里的水越来越少，湿地一点一点萎缩，以前各种各样的水鸟，现在都不见了。到处都是垃圾，岸上的草也变得稀稀拉拉的，跟十年前风吹草低的美景有天壤之别……还好，政府开始治理了。——企业员工 S10

第三节 全域旅游视域下滇西北乡村旅游供应链减贫对策

一、乡村旅游供应链整合优化

（一）优化顶层设计

乡村旅游减贫工作通常涉及农业农村、文旅、扶贫乃至发改、财政等多个政府部门。制定乡村旅游顶层设计时，由文化和旅游部门牵头，其他各部门发挥自身优势，充分调研论证本土自然地理、人口社会、资源生态、历史文化等特色，打造出既具有本地鲜明特色，又贴近贫困人口实际和需求的顶层设计，并建立各主管部门常态化的联席会议制度与协同办公机制，因时制宜，螺旋前进，推进减贫工作。政府应加大对乡村旅游的政策扶持力度，在景点景区建设、地税征缴、自主经营等方面给予政策支持，鼓励乡村居民以多样化方式参与乡村旅游发展。提高规划能力与管理能力，坚持贫困人口的主体地位，注重利益分配的均衡，统筹乡村地区经济、社会与生态环境。

（二）旅游线路重组

全域旅游倡导区域资源有机整合，然而乡村旅游常存在吸引物空间布局分散且不成规模、民俗文化难以展现等问题，制约影响游客体验与评价。可以考虑将乡村田园风光、文化旧址、农事节庆、民俗表演、体育运动、特色餐饮等资源"混搭"，创新规划旅游线路；也可以根据游客类型设计若干旅游子模块，如乡村自然人文风情子模块、乡村休闲度假子模块、大健康与体育子模块、农业亲子科普子模块、农特电商子模块、极限运动与探险子模块、打卡直播子模块，由游客根据个人偏好自主定制个性化旅游线路。

（三）乡村旅游供应链延伸

乡村旅游发挥乡村 TSC 产业方面天然优势，发展"旅游＋""＋旅游"，实现第一、二、三产业融合发展。一方面，加大对"两头连"的第二产业涉足力度，加强对农产品的初加工、深加工、综合加工，承接生产服务外包业务，发展手工坊、个体经营，在供应链商流、物流中的市场空缺中灵活补位等，细化分工，拉长、深化、做强乡村旅游产业链，提升附加值；另一方面，根据感官转向理论，旅游由对视觉等的单一关注转向整体的身体或多感官(Multisensory)体验[82]。

全域旅游旨在打造景区内外一体化、产业跨界融合的“大旅游”市场。产业内，加快与当地文化、信息、商业、金融、交通、运输等服务业共建共享，形成围绕“食、住、行、游、娱、购”的全产业链；产业外，与工业、林业、科技、文化、体育、健康、医疗等产业深度融合，向周边其他行政区、产能部门延伸，各区县之间发挥资源互补、产业合作、客源共享、社会共建的联动效应，共同拓展旅游空间，实现区域旅游一体化。

乡村旅游供应链要打破现有的观光吃喝层面，走向深耕休闲体验层面，如丽江永胜县三川镇翠湖村，地处三川镇东边，村中翠湖，又名九龙潭，在丽攀公路旁，交通十分便利，是丽江进入宁蒗和四川攀枝花的必经之地。村民素来种植莲藕，发展至今荷塘连片，夏日荷花盛开，甚是壮观。翠湖村可以鼓励游客在不同时令参与荷花种植、莲蓬采摘、莲藕销售等环节，开“全荷宴”，品荷叶茶，建荷文化博物馆，开展荷主题诗词鉴赏活动等，同时与本地特色乡土文化，如被列为云南省非物质文化遗产的珐琅银器、铜器制作技术等多主题嵌套叠加，满足旅游者看、嗅、触、品、说、听、闲等多感官体验，拉动旅游供应链时间和空间上的长度。在分销方面，可多种分销渠道齐头并进，加大智慧旅游、虚拟旅游、云直播等多元分销平台，提升乡村旅游的科技要素力量，助力旅游供应链升级。

（四）TSC 协作与共享

TSC 的终端客户是旅游者，旅游者的旅游过程也是对“食、住、行、游、购、娱”等旅游全要素、全季候、全空间的综合消费过程。“散客时代”下，每位游客个性化、精致化需求的满足，离不开旅游管理部门、供应商内部、供应链上下游企业之间的协作和快速响应(Quick Response，QR)。通过与供应链结构中个人、群体、组织、社会等不同主体之间关于产品供需、订单、客户、市场、管理等信息快速多向传递共享，协同创新，共同生产出不同产品组合，探索 TSC 结构新模式，创造旅游者价值，实现 TSC 主体之间的合作共赢。反之，由于供应链各主体之间具有不可替代性、难以补偿性和高关联性，TSC 上任何一方阻碍信息共享的信任危机、败德行为，将会导致整条供应链的良性发展被破坏，使供应链各方主体利益受损，甚至瓦解供应链。

参与 TSC 协同的各主体共享供应链带来的价值与增值，随着人、财、物、信息等要素在链上逐层流动，供应链价值逐级提升，旅游产品和服务提供者均能从中受益。对于资金、技能、知识、健康等参与能力不足的贫困人口，凭借人力、土地、房屋、林木、手艺、文化展示等资源，获得利益分配，或通过红利提取、生态补偿等方式融入 TSC，持续共享利益分配。

丽江市永胜县涛源镇探索出的“党建＋合作社＋龙头企业＋产业”的发展模

式，是供应链多方协作的成功案例。涛源镇地处金沙江干热河谷区，具有得天独厚的光热资源、土地资源和水资源禀赋，借丽江市“金沙江绿色经济走廊建设”契机，在长达65千米的金沙江沿岸重点发展沃柑、软籽石榴为主的林果产业。上六村委会作为金安桥、龙开口、鲁地拉三个水电站建设的移民新村，村民的创收直接关系到水电移民后的产业扶贫成效。为推动林果产业的集体化、规模化、集约化发展，2018年6月，上六村党总支组建了永胜上六金谷柑橘种植专业合作社，成立了上六金谷党支部，为广大农户提供技术培训、农资供应、金融信贷、检验检测、信息咨询、营销宣传、电商物流等多样化服务，首批吸纳78户为合作社社员，帮助贫困户以入股方式加入合作社，拥有强大技术团队和先进管理经验的云南太阳谷果业有限公司（褚橙基地）、云南沃谷农业发展有限公司作为龙头企业率先加入合作社，在村内建成了各民族群众广泛参与的绿色农业食品的产、供、销供应链，2019年实现总产值1.6亿元。此“旅附农”型的乡村旅游方式及供应链结构创新模式可为农业自身价值高地区，如高端有机农业、精品水果种植等地区提供借鉴。

二、打造本土化乡村旅游供应链

（一）培育本土化旅游供应链

Sharpley声称本地化对乡村旅游业的可持续发展至关重要，并认为乡村旅游供应链本地化应关注下列问题。

（1）满足当地社区的需求。

（2）鼓励生产当地工艺品。

（3）确保在当地最大限度地保留利润。

（4）确保发展在当地环境和社会的能力范围内[77]。

过多的外来援助会造成“旅游飞地”现象，非但本土居民从旅游发展中受益有限，且很容易忽视社会效益和环境效益。因此，应培育社区参与为主的旅游供应链，将乡村居民培养成乡村旅游供应链的主要供应商，从事如饲养牲畜、种植蔬菜、制作当地手工艺品、观光引导、文化表演以及购物娱乐活动。创造机会提高本土居民在乡村旅游产品或服务的供给、采购、销售、物流等环节的参与度，使旅游供应链上的大多数原材料、产品和服务由当地人提供。

建立乡村旅游资源经营权交易市场，对于资金、技能、知识、健康等参与能力不足的贫困人口，凭借土地、房屋、林木、技艺、文化展示等资源，获得利益分配，或通过红利提取、生态补偿等方式融入旅游供应链，持续共享供应链利益分配。旅游供应链本土化的价值有三方面：一则有利于旅游者的消费直接流向社区，增加本土居民经济效益;二则可以发挥东道主意识,自觉保护乡土文化、生态环境、伦理关系;三则社区居民在与投资者、旅游者接触的过程中,培育更多本土旅游企业家、创业者、旅游精英。用恰当的人才培育模式提升当地人口的自我发展能力,将外部引擎转化为内生动力。

如,丽江华坪县可以探索“前店后园——田园综合体”乡村旅游模式,以热带水果为依托,农旅互动、旅农合一。“前店”是面向游客展示的“舞台”,提供四季观光、赏花、种植、采摘、美食等旅游产品;“后园”即农业种植,发展果林经济。在经营上,后园的初级农产品就是前店游客的食材,同时后园的农业加工产品在前店包装成礼盒销售给市民游客,实现前店、后园的高度互动。深耕现代农业体验,如开放田园、果园、菜园、花圃、茶园等,让游客入内种植、采摘、赏花,享受田园乐趣,接受科普教育,购买、品尝新奇特农产品,不仅给农户带来直接经济收入,吸引周边地区闲散劳动力,还能够以此带动当地农业生产、田园体验、种植养殖、加工制造、实验科技、生产生活、农产电商、物流园区等多元化产业链,形成当地的资金、技术、人力、土地等要素的内循环,有助于提振本地消费,拉动多条产业链、供应链增长,促进农业经济重组,将旅游业产生的大部分收入保留在乡村社区内部,年轻人被激励返乡就业而不是离家工作,妇女、老人也获得比以前更多的就业机会,农旅获得双赢发展。

(二)柔性定制本地特色旅游供应链

乡村旅游常存在吸引物空间布局分散、不成规模、民俗文化难以展现等问题,制约影响游客体验与评价。立足本地特色的多元模式与路径,将乡村田园风光、文化旧址、农事节庆、民俗表演、体育运动、特色餐饮等资源“混搭”,创新规划旅游线路;也可以结合乡村资源与游客类型设计若干旅游子模块,如乡村自然人文风情子模块、乡村休闲度假子模块、大健康与体育子模块、农业亲子科普子模块、农特电商子模块、极限运动与探险子模块、打卡直播子模块,由游客根据个性偏好自主定制个性化旅游线路。充分依赖不同乡村地区自然景观、民族特征、历史文化的差异,打造一村一品吸引力。

同理,同一模块深挖多元化,强化特色,形成品类优势,增强沉浸式体验。如丽江老君山将住宿作为乡村旅游吸引力和利润源之一,建设帐篷营地和青年客栈。为了进一步凸显特色、整合资源、形成品牌,可以扩大住宿类型,如特色住宿(石屋、树屋、船屋、迷你微型别墅、茅草居等)、乡村别墅、标准客房等,满足不同旅游者的个性化需求。

(三)乡村人才内生螺旋式培养

乡村旅游供应链减贫既关注发展旅游带来的乡村经济效益的整体增长,又要聚焦于贫困人口从中的获利与发展[83]；贫困人口的减贫成效也不能仅从经济角度测度，Sen 认为，贫困应被视为基本能力被剥夺[84]，受教育水平、职业技能、环境、健康、可持续生计及公共品[85]获得机会都应被纳入测度指标。就减贫效益而言，既要重视减贫的经济效益，又不能忽视乡村社会、文化、生态、环境效益。人力资源乃发展之本。灌输新时代乡村旅游发展价值观（如诚信经营、服务意识、保护环境、协作共享精神），具备信息化能力及较高的文化水平，为乡村旅游发展提供核心内生动力。

乡村旅游减贫的根本在于扶志扶智，依靠供应链多方合力提高贫困乡村和群众脱贫致富能力。探索“三乡双创”作用机制，即利用智力与资本下乡、青壮农民工返乡、子弟接受高等教育学成回乡，发挥人才汇聚效应，创新创业推动乡村旅游发展。一方面，积极接受驻村干部、科技特派员、医疗、教育人才等公派人员“组团式”输入帮扶，邀请城市专业技术人员定期或兼职支援，更好吸收外部力量；另一方面，利用国家订单式定向培育项目和专项计划培养本土人才，依托当地高校深化产教融合、校企合作，提升人才质量，激励吸引大学生返乡创业，培育高素质农民和创业带头人，增加就业机会，提高收入水平，吸引青壮年劳动力返乡就业，完善人才梯度层级体系。

广大乡村民众能力的整体提高是抵御贫困的最有效手段。发挥社区精英、乡贤能人、青年创业者等的带头作用，以点带线成面呈乘数级扩散，培养更多本土乡村旅游人才。

（1）从个人成长周期开始，遵循“初期参与式学习—中期共享式提升—后期精英式带动”模式：贫困人口就业初始期从就业岗位中“做中学”，逐步掌握基本技能后通过向优秀员工、领班主管等请教讨论，共享提升业务能力，最后成长为本地旅游精英，充当带头人。

（2）集体成长周期开启，行业精英带动村小组集体知识技能进步，集体每一份子重复个人成长周期，带动更多的村民成长为本地旅游精英。

（3）辐射作用指数级增加，加速推动全村镇人才进步，呈内生螺旋式提升路径（见图 3-2）。

大理古城是我国首批历史文化名城，首批国家级风景名胜区和旅游度假区，除了得天独厚的人文资源，人才的聚集与积淀是其长盛不衰的不竭驱动力之一。复兴路扎染服饰、银饰、玉石工艺品、土特食品等旅游商品商云集；洋人街外宾艺术荟萃，风味餐吧、珠宝古董、画廊手工风格各异；红龙井“清泉石上流”“玉白菜”“叠水台”“石拱桥”的建筑景观门庭若市；人民路是文艺青年的汇集地，手工艺品制作者、摆摊的生活者、流浪歌手、诗人、崇尚自由的画家，各从其类；各种特色体验项目的设计，如变压工厂、无同书院、龙泉坊，引人入胜。形式多样的旅游产品提供商和经

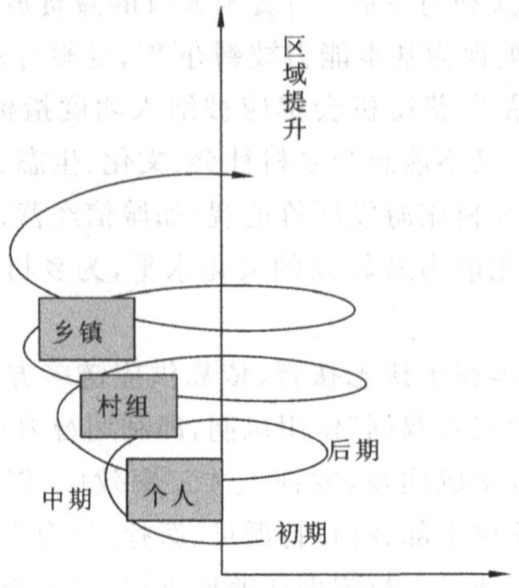

图 3-2　乡村人才内生螺旋式提升路径

营者是旅游吸引力的根本创造者和创新者，大理古城旅游长期兴旺的背后是多样化人才的支撑。民族包容性、开放性、国际范是大理吸引旅游人才的魅力所在，值得乡村旅游地学习和借鉴。比如，大理近年来推进的苍洱人才“霞光计划”，青年创新创业孵化示范园、大学校园创新创业平台、“中东部校园工程”引才活动、与教育部直属高校合作的“校地合作”项目，践行了“千秋基业，人才为本”理念，把大理打造成了各类优秀人才的向往之地。

三、构建乡村旅游供应链空间圈层产业体系

遵循乡村旅游减贫的最大参与性原则，未来乡村旅游规划应前瞻性地构建区域供应链空间圈层式产业融合发展体系，引领乡村旅游高效、有序和可持续发展。圈层划分与产业分布遵循同心圆结构（见图 3-3）。

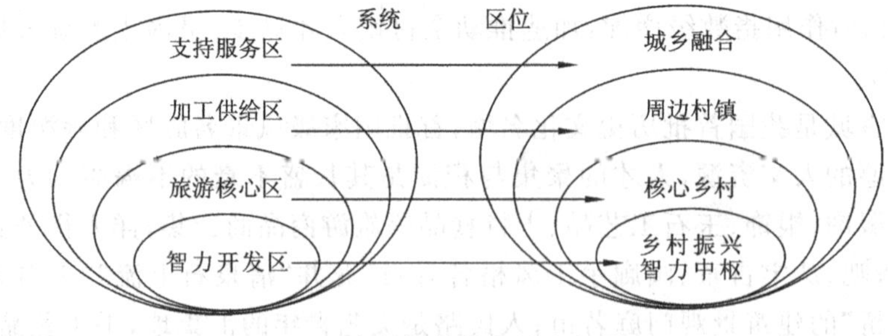

图 3-3　乡村旅游供应链空间圈层

在此体系中，当地政府、旅游管理部门协调各村委会，建立公平的利益共享机制和严格的监督机制，既保障不同村落和村民合理的旅游发展权益，又防止在旅游发展过程中出现危害社会公平和消费者利益的种种乱象。由此形成生活与就业协同一体的“居业协同、空间极化”[86]空间圈层体系，营造出“人—居—业”融合发展的乡村旅游供应链减贫的高级形态。

（一）智力开发区

具有较高知识文化水平的智力中枢，承担旅游开发商角色，负责乡村旅游供应链上游旅游产品设计，依托乡村农业文化、民俗文化、餐饮文化、艺术文化、非遗文化等，设计开发原真性、多元化、体验式旅游产品。此圈层也可能不在同心圆的核心位置，而来自智力资源更为集聚的外部，如区域中心城市。

（二）旅游核心区

丰富农业旅游资源和吸引物的核心分布乡村，承担类似供应链中核心企业角色，提供旅游产品和服务，负责接待游客、开展旅游活动，具有区域带动和辐射效应。

（三）加工供给区

周边非核心区的乡村宜发展工业，该区承担供应链中供应商角色，负责乡村旅游所需物质原材料、工业品、文创等旅游纪念品等的生产加工，逐步集聚为旅游商品生产基地，形成乡村旅游业与工业互为支撑、良性互动的相邻圈层。

（四）支持服务区

支持服务区为旅游核心区和加工供给区提供相关服务，如清洗、消毒、废弃物处理、环保、农特电商、冷链物流等绿色旅游支持服务，保障乡村旅游的可持续发展。

四、构建乡村旅游“前后台”式生态供应链

乡村旅游地往往是生态脆弱区，而生态环境是乡村旅游赖以发展的基本资源。乡村旅游无论是农业景观开发、旅游项目建设、旅游经营，还是居民生活、游客消费，都要从生态环境中索取资源，如投资者建厂争夺水源，排放污水、废气，农家乐排放油烟、倾倒垃圾，经营者非法占用农业用地或公共用地，扩建服务设施[87]等，资源权力之争容易上演争地悲剧，持续引发连锁反应，造成“环境恶化—游客体验

变差、满意度降低——部分游客远离—供应商低价竞争—服务质量降低—游客投诉增多、品牌声誉受损—更多游客流失”的恶性循环。

乡村生态环境资源是发展乡村旅游的优势，要通过发展乡村旅游反哺生态，创造出更多绿色财富和生态福利。借鉴美国社会学家欧文·戈夫曼[88]社会结构的“前后台”理论，构建乡村旅游前后台解耦的岛状圈层分布的空间结构：将旅游核心区置于旅游经营前台，接待游客，展示景观；居民生产生活位于后台，限制接触以保持社会距离，保证村民正常生活不受游客打扰，“营造使居住者不觉窘迫甚至想逃离的舒适快意的居住环境”[89]；中间在核心区与居民区之间形成隔离带，建立远离生态脆弱区的供应链集群功能区，如基础建设区、手工业区、加工制造区、仓储物流区、营销销售区、配套服务区。这样既能加大对第二产业的涉足，发挥产业集聚的规模效益，增加各级供应商企业利润，又能在核心区与居民区之间形成隔离带，对前后台解耦起到缓冲与桥梁作用，便于集中控制供应链生态质量，保护生态环境，实现乡村旅游的可持续发展。

第四章　新时期滇西北乡村旅游供应链重构

中国旅游研究院的研究报告表明，中国乡村旅游有巨大的发展潜力，未来中国70%的旅游资源分布在乡村，乡村旅游将成为吸引各类发展要素注入、实现村民增收、优化农业产业结构升级与乡村振兴的重要推手。旅游业在许多乡村地区的经济增长和发展计划中发挥着重要作用，甚至是支柱产业。一些破坏性事件使旅游供应链参与者重新思考其商业模式，重塑旅游供应链。因此，研究中国乡村旅游供应链重构有利于探索乡村社会经济和生态效益提升路径，有助于实现乡村旅游业的可持续发展，更是驱动乡村高质量发展和乡村振兴的重要推手。

尽管如今以游客数量增长或物质消费增加所定义的增长范式仍会持续，很大程度上旅游业重新恢复照常营业，回到从前的经营和经济增长模式，但旅游供应链的重构已悄然启动，转型发展的种子开始在供应链各参与者身上和组织内部生根发芽，推动着旅游业长远意义上的变革。

第一节　迈向乡村振兴的乡村旅游供应链重构

一、乡村旅游供应链重构的必要性

全球正面临百年未遇之大变局，冲击旅游目的地和旅游企业的经营管理，加剧旅游发展的不确定。同时，大数据、物联网、云计算、人工智能、5G等新技术的快速发展与深度应用也改变了旅游发展的技术环境。相对城市旅游而言，乡村旅游远未成熟。近年来，城市旅游受益于投入大量资金用于工业和城市世界的再生、重建和技能提升；受益于中低成本酒店建设浪潮、新建博物馆、主题公园、休闲购物中心的大量增加、快速城际列车的增长，以及城市间高密度的便捷航班[90]。城市旅游不仅比乡村旅游拥有更多的公共部门资金，而且得益于国际酒店集团、连锁餐厅及熟练的市场研究人员和营销人员的专业知识和资金。许多城市现在正在成为一种新型的、独立的、专业的、“正宗”的基于遗产/文化的全方位服务度假胜地，对乡村旅游产生着极大的替代效应。

如今，乡村旅游正处于一个可能衰落、停滞或改革的临界点[91]。乡村旅游面临越来越难以应对的竞争和革新压力，如城市旅游、游轮旅游急剧恢复增长，新一代旅游主力军需求变化。乡村旅游供应链对自身需要和使用的自然和人工基础设施缺乏控制，旅游基础设施和公共服务设施整体落后；结构上，主体构成支离破碎，众多小型企业长期缺乏合作，难以与组织良好的供应链抗争；要素上，大量劳动力、土地、资本等生产要素向城市集聚，导致农村人口空心化、生产要素非农化、劳动主体老弱化、生态环境衰退恶化等一系列“乡村病”；能力上，还需要接受新营销媒体和体验营销的复杂性和技能要求；治理上，未能形成一种能够妥善处理乡村旅游业分散、多方参与者、多种利益相关者性质与乡村生态保护和经济管理关系的目的地治理体系。因为存在以上欠缺之处，所以需要寻找新的出路，帮助乡村旅游供应链朝着全面的、高质量的、更有效的综合管理概念前进。

创造乡村旅游体验的基本要素始终是产品和景观。许多设施和基础设施项目，从旅游标识到住宿设施，再到当地博物馆和游客中心，都需要更新和恢复活力。由于乡村旅游业通常是一系列小型家族企业，所有权的连续性及资产和政策的计划更新都不太可能。在这些企业中，战略/公司规划往往有限，很少有研发思维。乡村旅游业的资本价值通常很低。此前，乡村旅游的发展、基础设施、营销和管理尤其依赖公共部门。如今，公共部门可用资金日益减少，乡村就必须更加自力更生和商业自助。

乡村利用各种转换机会，跳出框框，创造性地思考，激励游客、企业和目的地等重新想象，重置新的心态、边界和行为，重新审视旅游业的利润和目的，重新设计旅行者的旅程和体验，重审旅游经营者和目的地的企业社会责任，重置乡村旅游供应链可持续性政策、战略和实践。例如：如何利用和发展乡村旅游业，增加乡村居民获得感和民生福祉；如何重新调整、重新设计和重新解释旅游产品，使旅游资源增值而不是消耗；如何调整旅游供应链结构和流程，以便旅游利益相关者能够反过来重塑自身的思维和行为；如何更好地为游客创造幸福感、可持续性和转型学习，而不是作为建立品牌和人们身份的营销工具；如何实践环境可持续管理，以实现负责任的未来。新时代背景下，有必要重新思考乡村旅游供应链研究议程，重新想象和塑造旅游未来。

二、乡村旅游供应链重构的内容

新时代乡村旅游高质量发展，离不开乡村旅游供应链的适应性、创新性重构。针对制约当今乡村旅游高质量发展的关键性障碍，考虑从管理体制革新、旅游产品战略重置、拓展乡村旅游供应链新业态、搭建综合性的旅游供应链服务系统、构建更亲密的链成员关系、数字化赋能等方面着手重构乡村旅游供应链。

(一) 乡村旅游供应链管理体制革新

新的经济形势下，乡村旅游供应链管理体制应及时按照市场需求参与旅游开发[92]，实现从“政府主导型”向“政府引导调控、市场主导型”转变，国有资本逐步退出旅游企业，搭建一个权利平等的旅游资本进出平台，实现本地旅游项目融资来源多样化和渠道多元化[93]。支持鼓励民间资本和民营企业进入旅游产业，力促土地、景点景区所有权与经营权分离，通过拍卖、转让、招标等方式把经营权交给真正懂旅游、会经营、敢创新的经营主体，如外资企业、国内企业、投资商、民间资本。同时加强公共服务供给的市场化，如通过土地股份合作社、土地预流转、合同履约保证险等制度健全土地流转服务体系与网络，引入有经验的农业职业经理人，承担生产和服务外包业务，走农业生产和旅游职能相分离的细化分工和专业化道路，探索“大园区＋小农场”等多样化的农业＋旅游范式，形成经营主体共建共营、经营收益共管共享的乡村旅游供应链模式。

(二) 旅游产品战略重置

能否根据新形势适应性地调整商业模式和收入策略，决定着供应链的生存潜力。脆弱的乡村市场行为体可以凭借根植于地方和社区支持的特征[94]，主动发现市场需求和当地供应机遇，发挥农业的基础性地位作用，以更灵活的方式应对变化。在政府部门的统筹部署下，有意识地引导本地供应链逐步渗透市场所有日常业务活动，实现采购、加工和销售在一定区域内本地化，以满足当地需求，缩小供应链闭合区域，逐步扩大本地供应占总供应量和销售额比例。通过延伸农业产业链和旅游供应链，引领和带动农业产、供、销一体化，拓展生产商、销售渠道商、营销商、供应商、原始设备制造商、本地居民生产、生活和生态融合，优化乡村三产结构，打造农业品牌，提高农副产品价值，带动区域经济社会增长。

旅游供给方需要改变自己的视角和定位，避免照抄照搬城市旅游模式而失去土香土味的特色乡村文化气息，给旅游者留下千篇一律的无趣印象。打造本地特有的文化民宿、度假乡居、瓜果小吃、休闲聚落、和谐邻里、主题庄园等，更好地面向国内、VFR(Visiting Friends and Relatives，探亲访友游)、社区旅游，接待当地消费者，开拓旅游市场。针对旅游业的季节性特征，考虑产能灵活性和产品多样化解决方案。在旺季时发动更多居民私有资本提供旅游资源，平抑价格，增加服务可得性，保证乡村良好目的地形象；淡季时利用价格杠杆，吸引社会团体、离退休等消费群体，动用工会、妇联等社会团体的力量，组织淡季旅游，平抑市场峰值。

（三）拓展乡村旅游供应链新业态

旅游设计商、经营商凭借敏锐的市场嗅觉，把握市场或政策带来的新机遇，可以无限创新乡村旅游供应链产品。例如，2020 年 3 月，中共中央、国务院发布《关于全面加强新时代大中小学劳动教育的意见》，要求在中小学组织学生走出课堂，在学生中开展劳动教育，并形成实践体验活动制度；同年 9 月，农业农村部办公厅、教育部办公厅发布《关于开展中国农民丰收节农耕文化教育主题活动的通知》，提出充分发挥农事节庆教育价值，为青少年农耕文化教育提供实践课堂，打造一批中国农民丰收节农耕文化实践教育基地，形成一批实践教育活动品牌。此类政策无疑为城市周边乡村提供了开发实践教育基地的良好机遇，既有利于推动本地区的农业发展，又可以依托特产种植及水产、家禽、蜜蜂养殖等体验式农业结构将学生农场、教育农园、研学基地、乡土文化体验游、专属试验基地、农业科研项目等教育相关业态，一并植入乡村旅游供应链中，大大丰富旅游产品类型和乡村旅游魅力。

乡村为无人机竞技、房车营地、马术、徒步、研学、健身、运动体育及游艇俱乐部等多种新兴业态提供了广阔的空间，促使乡村旅游供应链向更广的领域延伸，集农产、研学、文创、体育运动、康居、餐饮、娱乐、休闲、博览、物流、销售于一体，形成深度融合的田园综合体。依托全产业链的田园综合体形态，又可打造出各种类型的文化产品，如乡村文化节、音乐节、轻奢帐篷节、烧烤节及各类赛事等；或提供各种场景服务，如婚纱摄影、影视文化、自媒体传播、创客孵化基地。在基本农业基础上尊重市场导向，融入创新发展，形成集循环利用、创意体验、科技智慧的农文旅乡村供应链，联农带农，让农户农民充分参与和受益，吸引“进城”务工村民逆向“返乡”创业，充实乡村人口和人才，拓展创新创造空间，塑造本地区农文旅品牌，成为乡村经济新的增长点。

由自媒体及短视频推介热门旅游景点，吸引众多年轻游客的“打卡经济”正成为中国旅游市场的新风潮。“网红打卡”主要依靠新媒体，借助抖音短视频、小红书、微博、头条等方式推广有故事、有情怀的旅游地或旅游产品。在短视频和自媒体的影响下，“网红打卡”将很多知名或不知名景点带得火爆。乡村旅游供应链可以借此业态设计出新的网红打卡产品，借助明星名人或自媒体的宣传效应，迎合年轻一代寻求尝鲜、打卡拍照、视频分享等社交需求，呈现乡村吸引力，讲好乡村故事，将更多美丽乡村推送给旅游者。

（四）搭建综合性的旅游供应链综合服务系统

大众化旅游时代，乡村成为度假旅游、休闲旅游、技能性旅游（如登山、滑雪、低空飞行）的重要空间，仅靠现有的以简易观光休闲为构架的乡村旅游形态已经不足以支撑旅游者新兴的旅游需求。全域旅游要求打破以前以景区为主要架构的小众化旅游空间格局，重构旅游空间形态，需要更多功能类型的旅游供应链成员参与进来，构建起由景区、风景廊道、度假区、休闲区、购物区、旅游露营地、旅游基地、旅游特色小镇等不同旅游功能区复合而成的多样化旅游空间形态，推动我国旅游空间域从以景区为重心向以旅游目的地为核心转型，建立综合性的旅游目的地空间系统，满足全域旅游下旅游者深度体验的需求。

全域旅游空间系统下，一个突出的任务是要实现旅游的便利化。乡村地域广、分布零散，基础设施难以充分覆盖，旅游者重点关心的出游便利化问题成为一项关键问题。因此，乡村旅游供应链设计中，不仅应考虑旅游要素化，更要考虑旅游的便利化，以满足旅游者对出游品质提升的需要。各乡村旅游地要依据区域内既有资源和设施，根据旅游者的旅行方式和度假需求，以旅游便利化为目标设计出一套完整的旅游服务系统，不仅要包含度假区、旅游小镇、自驾营地、休闲项目等，还要规划停车系统、车辆租赁系统、标识系统、旅游代理系统等旅游公共服务系统，以及由此涉及的硬件建设和政策、服务等软件建设问题。

（五）构建更亲密的旅游供应链成员关系

1. 旅游管理部门加强保障性力量

首先，旅游管理部门与国家其他公共部门/机构（如农业农村部门、文化和旅游部门）密切合作，做好乡村区域旅游业发展顶层规划设计，重建重组资源，完善旅游公共设施和基础建设，制订目的地营销推广计划，以增加乡村地区的知名度、吸引力和承载力。其次，政府可以针对旅游企业实施新的经济、金融和行政措施或计划，例如免税、低息贷款、补贴和返还优质业绩保证金等，尤其要重点扶持中小微旅游企业，加快其危机后的业务连续性恢复，保持市场充分竞争与活力。再次，政府与旅游供应链主体和媒体代表保持直接联系，向各利益相关者提供行业最新信息[95]，搭建合作平台或创造机会，协调公众和媒体的反应，维持服务并重建游客的信心。最后，政府维持良好的市场秩序，保持目的地形象，警惕一些企业或个人为了追求短期利润而出现违背职业道德的行为。一旦旅游资源或形象、声誉受损，则需要花费远比短期收益更长的时间和更大的成本进行恢复，甚至不可修复。

2. 旅游供应链企业内外部合作提升市场活力

企业间通过设计新的产品、改进新的流程、开发新的合作方式来响应适应快速的环境和需求变化情境，设立更加灵活、便于快速转换的组织结构，使用分散、基于团队或网络的方法来解决问题。企业内部，发挥个体员工与其所嵌入的乡村社会网络之间的紧密关系，在集体关系中快速学习新事物、发现新机会和产生新见解，利用集体资源理解问题、处理问题，增加乡村旅游资源的可用性和可得性，提升旅游者需求适应性响应的能力，营造乡村开放性的活跃氛围。

3. 多方合作加强协同

旅游供应链是一个利益共同体，链上成员积极与其他旅游组织、媒体展开合作，以增加旅游者访问机会[96]。对内，乡村旅游供应链引导本地乡村旅游供应链核心企业与实力雄厚的旅游网站和旅行社、旅游设计企业（如旅游产品研发企业、旅游景观设计企业等）、旅游辅助企业（如广告企业、信息技术企业等）深度对接，形成契约联盟，以完善供应链，促进供应链上各节点企业的协同发展和高质量服务供给。

对外，鉴于乡村普遍缺乏品牌形象，乡村旅游供应链可以借鉴 Walters & Mair 九种常用营销策略开展目的地推广，包括宣传、社区准备、团结一致、名人代言、恢复信心、将不安全的形象转化为资产、增强好奇心、短期折扣、游客推荐。加强情感和媒体宣传来营销乡村目的地是可以重点尝试的[97]。伴随着快速城市化进程，人们对地方及其文化的认同与渴求愈加强烈，乡愁情结需要乡村旅游疗愈。媒体作为一种良好的沟通工具，在乡村旅游中的作用需要进一步发挥。发挥各类媒体的信息传播职能，大力宣传乡村旅游资源、旅游产品及优惠信息，塑造目的地品牌形象，引导公众看到由此关系到的乡村居民的经济生存的国家大计，引导乡村旅游流向和流量。

（六）数字化赋能乡村旅游供应链

新技术的加速应用深刻影响着旅游供应链全链条，从旅游信息获取、供应商选择、消费场景营造、便利支付及社交分享，成为打造旅游新供给的新突破点。下面具体介绍。

1. 数字化赋能决策

决策信息总是以零碎化的形式潜藏在海量信息中，如果没有即时的数据信息支持，管理者往往无法及时、有效地决策，错失捕捉机遇的最佳时机。乡村地区往往信息化水平低，而旅游者临时决策已经变得越来越普遍，“来一场说走就走的旅行”成为很多人的生活态度，乡村传统的信息化水平会极大地干扰和削弱旅游供应链的资源结构效能，并限制各参与成员反应和调整的时间。电商平台、视频直播、电子采购、库存管理系统、可视化供应链管理、产品数据库、物流跟踪交付等信息化工具有助于数据共享和可见性，有利于决策者更科学地做出需求管理、关系协调、供应管理、库存管理、产品开发、市场营销等各种决策，赋能乡村新的供应链运营和决策模式，以更好地将顾客价值信息转化为实际增值行动。

2. 数字化赋能高效互联

从技术层面运用移动互联网、大数据、云计算、物联网等信息技术设计整合乡村旅游供应链模式，提高供应链成员之间相互沟通的效率，促进协作所需信息的即时传递与获取，推动危机情境下跨部门、跨主体的流程改进和决策制定。组织内部跨层级连接，由原来层级递进的垂直连接方式转变为横向个体水平网状连接关系，供应链参与者可以敏捷、灵活地调整网络结构中不同节点的连接关系，共享不同部门的人、财、物、信息、关系资源，信息触达距离和时间被大大缩短，问题的回应、协作、解决的效率大幅提升。

3. 数字化赋能旅游服务和体验

技术进步和工具正在推动旅游业的变革，利用机器学习、人工智能、机器人、无人机、传感器、虚拟和增强现实、近场通信等数字化技术，大幅度提高乡村旅游的技术含量；重新设计服务交付操作，提升旅游过程的便利性、趣味性和创意化水平；重新设计旅行者的旅程，提供高度个性化和以人为本的体验。

第二节　乡村旅游供应链减贫产品创新

加大优质旅游产品供给力度，是激发旅游发展更大活力的关键所在。旅游产品是旅游供应链的核心产物，是最终呈现给旅游者的物质和精神表达，旅游质量的高低很大程度上取决于旅游产品的好坏。当前，在多种要素，如生态、科技、文化、现代商业模式的注入交融下，旅游乡村成为一个与城市相对应的休闲空间和社交场所，当下的发展重点是乡村旅游供应链如何在不断变化的环境中持续利用内部和外部资源，主动调整、适应和重新发明旅游产品，逐渐引领乡村旅游走向品质和高端，并将减贫动机融入乡村旅游产品中，追求受益面更大、效益更高的成效。

慢旅行、综合体验游、乡村美食游、社区游、主题村、都农共生游等新时代旅游供应链产品，寻求乡村旅游对于现代社会和旅游者的意义，破除区域规划中的城乡边界，淡化城乡二元对立观念，在全域旅游视域下着力描绘吸引力互补、客源共享的城乡有机融合的美好画卷。同时，着重寻求乡村居民在供应链中扮演更多角色或参与旅游供给的机会，帮助他们既获得更多收益又改变传统观念，不断学习与成长，实现物质上与精神上的共同富裕。

一、慢旅行

鉴于航空业的可观增长[98]以及私人汽车在旅游交通中的持续主导地位[99]，专家预计到2050年，旅游业对气候变化和资源枯竭的负面影响将大幅增长[100]。随着人们健身康体习惯的养成和消费者绿色意识的日益觉醒，部分旅游者开始寻找抵制高碳旅行的方法，慢旅行的概念快速兴起。慢旅行将“行”视为旅游体验的一个组成部分，而不仅仅是到达目的地的一种手段。旅游者将火车、长途汽车、自行车和徒步旅行等慢行工具作为快节奏的生活的“解药”，并寻找注重环境、景观、文化以及与其他游客和旅游地接待者互动的旅游体验。慢旅行代表了消费者对旅游的一种反思，在这种方式中，人们不仅选择一种低碳交通方式，还与地点、环境、自身游客身份进行了协商，表达了某些道德和意识形态价值观[101]。

乡村旅游似乎天生符合这种“享受慢而低碳旅行的乐趣”的慢旅行要求，中国五千年的农耕社会文明史，在每一个中国人基因里写入了对乡村故园的依恋，乡村旅游有助于旅游者亲自然、接地气、抚心灵，真正体味生命的来源与归宿，人类生活的原真与永恒[102]，寻找回应当代生活需要的答案，用一种放松的节奏来寻求生理和心理释放。

慢旅行供应链调整了交通供应商结构，更强调公共交通运输商的介入，远离航班和私人交通等快速旅行方式，转向火车、自行车或徒步交通。旅游者目前仍是小众群体，将“以正确的速度做事，改变时间及其使用态度，追求质量而不是数量”[103]视为旅游行为的三大支柱，并不断拓展慢旅行体验驱动的内涵和特征，如花时间享受旅程、与人和地方接触、分享旅行经验，进而实现自我肯定或自我认知[104]。与此同时，慢旅行供应链也在重构游客与乡村社区的本真关系，放慢旅游节奏、延长旅游和停留时间有利于游客了解和抵达新的地方，使乡村更有机会充分展示本地原真性的地域景观和文化。乡村居民通过与旅游者聊天交谈、分享故事，建立一种主客之间的新型交换和互动关系，通过互动建立信任和尊重，重新审视对自己身份和生活地点的看法，重建世界观、价值观和生活观，而不是将提供旅游服务视为简单的金钱和商品/服务交换。

二、综合体验游

综合体验游由多类多个旅游供应链融合而成。阿尔文·托夫勒(Alvin Toffler)在其著作《未来的冲击》中，将人类经济的发展阶段划分为产品经济时代、服务经济时代和体验经济时代；约瑟夫·派恩(B. Joseph Pine II)和詹姆斯·吉尔摩(James H. Gilmore)宣称“体验式经济时代已经到来”，在其《体验经济》一书中按照消费者的参与程度(主动或被动)和环境关系(融入情境或吸收讯息)两大维度，将体验划分为四种，即娱乐(Entertainment)、教育(Education)、逃避(Escape)和审美(Estheticism)[105]，简称“4E”(见图4-1)。综合体验游供应链将上述四种体验相互融合渗透形成互嵌，利用乡村植被、农田、颜色、自然文化、建筑遗产等所有吸引物，结合复杂的非视觉刺激，包括声音、气味、风、味道、人与人的接触，乃至广义上的“自然”和历史，打造远超视觉观光的体验产品，给每个旅游者提供期望中的独特经历和情感。

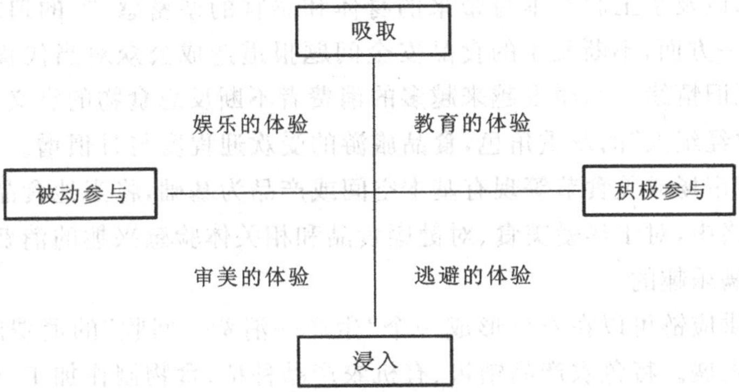

图 4-1　约瑟夫·派恩和詹姆斯·吉尔摩提出的体验分类

乡村旅游的部分吸引力在于，越来越多的人生活在城市地区，他们正在失去自身的文化身份和个性。这种现状会导致除娱乐、教育目的之外，人们“在生活中‘逃避现实’和‘寻找意义’的欲望增加，不断寻求经验来满足这些欲望”[106]。因此，将某一种或多种主题的身心体验嵌入乡村旅游供应链，形成综合体验游，将为乡村旅游目的地提供重要的发展机会。

综合体验游供应链根植于特定的历史、文化和当地资源，或根植于生产者和消费者之间相互共享的规则。特定的供应商和消费者之间通过特定的供应链网络进行专项主题市场的特定交易，如眼、耳、鼻、舌、身、意各主题领域产品。单个供应链内部，生产者、加工者、分销商和消费者之间以水平的、网络化的方式相互连通，提供某一主题的产品（或服务），如听觉体验的导游解说服务、音乐节、曲艺表演等旅游产品，得到消费者的广泛欣赏；不同体验类型供应链之间彼此交织、相互作用，发挥协同效应，提供多样化、综合性、以当地人为中心的整体旅游产品，从而转化为目的地乡村独特的吸引力和持久的声誉，有助于旅游产品供给在区域层面的稳健性。

三、乡村美食游

乡村美食游提供了一种在不损害乡村地区的环境、社会或文化结构的情况下提高和扩大游客消费的手段，是通过乡村旅游供应链促进生产者和消费者关系进而恢复中国传统文化中食物意义的一种有益方式。粮食生产和旅游业之间的协同增效和互补机会使美食游成为助力乡村旅游、促进农村可持续发展的重要路径。

中国传统文化强调在食物生产和生活方式中尊重自然。广大乡村地区有各自独特的历史、传统和美食遗产，中华民族几千年“食文化”的传承和不太复杂的技艺要求，赋予乡村居民对从事食品相关活动与生俱来的兴趣和热情，推动乡村拥有越来越多样的食品网络。同时，一方面，需求端对新鲜、健康食材，独特、罕见的烹饪工艺和味道，以及手工制作本身带来的身体和感官的亲密感[107]的追求，唤起美食需求[108]；另一方面，不断发生的食品安全问题报道造成公众对当代食品生产普遍疏离，引发怀旧情绪[109]，激发越来越多的消费者不断反思食物的意义，乐于扮演消费者和“文化经纪人”的双重角色，食品旅游的受欢迎程度与日俱增。因此，以已有的农场、农贸市场或美食节等现有基本空间或产品为基础，将当地食品嵌入乡村旅游供应链网络中，对于热爱美食、对健康食品和相关体验感兴趣的消费者来说是极具魅力且充满乐趣的。

美食游供应链可以在农村形成一个“生产—消费—回收”的消费闭环，带动当地餐饮服务发展。特色农产品销售、有机农产品种植、食物制作加工、包装、可再生能源利用等整条供给链的联动，给乡村居民和当地环境带来更多好处。在美食这一旅游供应链分支中，美食提供商或手工作坊通过收购当地农民的粮食谷物、雇佣本土员工，保证参与粮食生产的乡村居民维持生计；食品供应商可以利用食物新鲜、味道和真实性特征向游客表明食品的独特性；链上经营主体均尽量使用可再生能源以及推广残余食物回收饲养牲畜、农家肥灌溉农作物生长等天然物质，促进绿色能量循环；旅游者通过品尝当地美食产生愉悦、轻松、新奇体验，重新探寻食物的意义，在与他人共同创造和共同分享的体验过程中寻求地方归属感和个人身份，重塑人与自然和谐共生关系；政策制定者可以将这种在不改变烹饪传统的前提下以美食促进乡村旅游发展的策略纳入区域发展模式，共同解决社区经济收入问题和环境的可持续性问题。

除上述外，美食游供应链还具有更深层次的文化和环境意义，下面具体介绍。

第一，美食的价值在于文化体验，这种体验不仅包括产品的生产、分销和消费系统，还代表了一种交流特定地区和时间的社会身份和记忆的途径。在旅游体验的框架内，美食旅游增强了“美食精神”，是一种尊重当地人生活方式和自然环境中的烹饪传统的旅游形式。当美食游得到旅游者广泛认可后，旅游价值链会进一步延伸，与地区美食相关的传统元素会得到增强，从工匠、博物馆、旅游、参观、研讨会或品尝等多元角度传达“地方感”[110]，增强旅游者综合体验的满意度。

第二，当地食品生产商和零售商还可以与其他旅游供应链联盟，汇聚成“地方资源、个人行动和机构活动的独特组合”[111]，如举办美食节、建造美食博物馆、开展环保公益活动等，一致促进食品特产的有形和无形品质[112]，支持当地生物多样性和景观保护。通过游客与主人或食品生产者，或游客相互之间的接触，信息和技术知识在城市和农村地区流通共享,加深游客愉快的体验记忆和“老家”归属感,创造环境友好型和可持续发展联合起来的价值体系。

第三,美食游供应链使消费者有机会第一手观察商品的质量以及与真实性、新鲜度和季节性相关的属性,有利于促进当地产品的商业化,加强生产和消费之间的关系。乡村居民从供应链的延伸发展中受益,又有利于激励当地粮食遗产和景观保护,构建安全、负责任的当地粮食系统。反过来,可持续粮食生产又为旅游业的发展提供可持续原材料来源,有利于通过美食及农业景观树立旅游形象,并基于此开拓更多的旅游体验产品,推进乡村深度体验游。

正如 Everett 和 Aitchison 指出的那样,美食游在乡村发展中发挥着支持当地生产者[113],追求与自然的重新联系[114],对探寻适应全球化的生活方式和强化个人身份、增强地方依恋方面均发挥重要作用[115],不仅有利于文化和生态、环境的可持续生产[116],也为乡村旅游和乡村遗产保护提供了重要的协同助力。

四、社区游

基于社区的旅游(即指社会游)是一种以本土自然、文化和生活方式吸引后现代游客的旅游市场,试图最大限度地提高当地利益,并最大限度地减少旅游业的相关负面影响旅游模式[117]。在社区游中,游客的类型和数量都意味着更小的负面影响,如外界对本地居民的冲击、拥堵或其他社会问题。社区游有助于减轻经济对旅游业的依赖问题,因为它使农村地区的收入多样化,保护了农业传统,并使旅游经济与生态系统的承载能力相协调[118]。国际组织在过去三十年中促进了社区游发展,将其作为减少农村地区贫困的一种手段,以应对农产品全球化带来的高度经济脆弱性。20 世纪 90 年代初以来,以当地农民经营的微型家庭企业为游客提供当地的住宿和餐饮服务、享受乡村休闲生活的“农家乐”模式成为国内市场上流行的乡村社区游。

社区参与及社区和外来投资者之间的合作是社区游供应链的基本要求和关键问题[119]。基于社区的旅游要求,当地社区在旅游业发展过程中拥有实质性的控制权和参与权,社区居民在发展过程中的参与程度和权力配置决定了乡村旅游的益贫成效和成熟程度。社区参与要求:在经济上,社区资本参与,乡村旅游企业由当地家庭拥有,经营主体、本地供应商和外部运营商构成商业合作与共生关系,为社区提供持续和有益的就业机会,并将大部分利润留在当地社区,公平地分配给社区成员[120];在政治上,社区居民享有决策过程中参与、自治、支配和控制等权力;在文化上,强调当地传统传承、社会和谐与合作、促进个人独立、自信和未来愿景[121];在关系上,乡村社区连接着良好的社会(友谊)网络,包含丰富的社会资本,可以通过影响社会网络中个人与他人互动的频率、强度和接近程度,将群体内的人联系在一起，增进社区旅游发展的凝聚力；在环境上，社区参与鼓励环境保护、环境教育和当地资源的可持续利用[122]。

地方社区作为决定和塑造旅游业发展的核心利益相关方，发挥着不同但重要的作用，包括社区参与、地方行动者及网络合作等主题。由于大多数乡村旅游企业是资源有限的微型/小型企业，目的地内旅游经营者、供应商团结一致、加强合作，实现信息交换、知识学习和资源共享，才能共同解决目的地竞争、营销和管理等问题。合作通常通过供应链网络进行[123]，旅游运营商与他人合作建立旅游供应链网络不仅是为了互利[124]，也是为了集体利益，例如，通过供应链合力为整个目的地赢得竞争优势。基于亲友关系的社会结构对于构建乡村社区旅游供应链至关重要，社区内的社会关系对链上成员商业合作和网络构成有着深远的影响，围绕社会关系构建的旅游供应链合作网络更容易在非正式制度下维持供应商责任、规范、信任和诚信，增强社区身份认同、社会凝聚力、人际和谐和目的地旅游质量和声誉提升。

多重制约因素影响着社区参与，如 Mitchell 和 Reld 认为，社区意识、社区团结和权力关系这三个关键问题决定了社区参与[125]，Yang 和 Wang 将影响因素归结于居民态度、民主程度和社会发展条件[126]，Yang 等阐述了影响社区参与的八个因素，包括村民对当地旅游发展的感知、地方依恋、旅游发展影响感知、村民参与能力、参与态度、村民参与决策、旅游发展偏好和旅游参与行为[127]。总体说来，乡村居民在社区游供应链中的参与度及权力地位随着其成熟度不断提高而日益增强，遵循个人参与、政府主导参与、居民和政府联合参与、居民主导参与四种社区参与方式和阶段演化历程。学者们普遍认为，社区居民在发展过程中的参与程度和权力配置决定了乡村旅游的益贫底色和成功与否，只有全面参与型的旅游供应链，才能保证本地居民有更强烈的动机维护旅游开发的均衡性和长效性，防止旅游目的地的衰落和社区的解体。

因此，村民增权是社区游的发展归宿，强调社区居民依托自身资源融入旅游供应链，从旅游开发的被动角色中解脱出来，主动参与到整个项目资源的开发、控制、分配和使用之中，自主确定旅游业发展的速度和方向，持有旅游开发控制权、利益分享权、发展决策权，实现社区和外部社会的权力关系由非均衡过渡到均衡。这就需要根据乡村社区和当地人民的权力和利益重新定义和定位旅游业，通过重新关注旅游的公益性而使其实现“社会化”的方式，包括：最大化社会和经济效益，保证效益和成本都得到公平的再分配[128]，重新分配权力结构，赋予目的地社区增权；加强地方认同，避免旅游业发展带来的社会文化变化负面影响[129]；强调在经济效益和资源保护之间建立和保持强有力的联系，通过居民行为对游客的态度产生积极影响，激发游客对维护资源的责任感，激发当地企业家精神，加强合作和建立伙伴关系，缓和内部冲突，并在社区和外部机构之间建立关系[130]；通过参与旅游项目实践和知识学习的方式，提高社区成员的知识和技能，不只从参与乡村旅游供应链的方式上，更着力于参与链的根本能力上，维护和增强社区福祉。以下探讨三种彼此关联、逐步演化的社区增权方式。

（一）社区供应增权

乡村旅游发展初期，确保社区居民是乡村旅游业务的主要供应商。旅游需求中的大多数原材料、产品和服务都源自本地，旅游业的所有关键要素，包括食物、住宿、观光、购物和娱乐都由当地人提供，即旅游供应链的本地化。村民可以专门从事某些业务，如饲养牲畜、种植蔬菜、制作当地手工艺品以及组织文化表演和娱乐活动。供应链本地化鼓励当地人运营，使用当地劳动力，采购当地原料和产品，以确保社区获得最大利益，并在此过程中积累财富。同时，社区供应也是保护和展示当地文化和生活方式的最佳方式，避免居民被挤出，导致村民居住地与乡村旅游地之间形成空间上的隔离；预防文化被割断，导致村民心理上失去“归属感”、产生“失落感”。

（二）社区资本增权

乡村旅游发展中期，维持乡村旅游适度规模，保证大多数乡村旅游企业由当地家庭拥有和经营，只允许少数外部投资者参与旅游开发，避免严重依赖外部资本、本地资源被掠夺、居民旅游利益主体地位缺失等现象。本地运营商和外部运营商形成了一种互补式的商业合作关系，即社区和外部投资者的共生关系。外部经营者多数来自城市，有更开阔的眼界，更了解城市游客的需求，并擅长利用现代营销技术手段吸引游客，故而主要负责规划设计、小部分投资、推介营销、运营引领和管理示范；当地居民作为投资和经营主体，与外部投资者提供的产品和服务相互补充，使双方之间的竞争置于最小化区间，共同创建一个相互信任、互补、合作的旅游供应链，奠定乡村旅游业长久发展的基础。

（三）社区决策增权

乡村旅游发展足够成熟后，在高度发达的集体经济下，当地人参与规划、管理和利益分配相关的决策，追求决策和资源分配的民主化。村里所有的社区旅游项目都以共同协商的方式进行规划和管理，村民权力通过村民代表委员会和村民大会得到加强，当地旅游业发展的建议和利益分配方案必须在实施前经村民代表委员会表决通过。利用制度增权是一个方面，比如规定村民代表会议和村民大会每年召开次数，周期性召开与旅游发展相关的咨询会议，听取村民的意见，鼓励他们参与村庄的旅游发展，定期公布村庄事务，包括村庄收入和支出的财务报告；更重要的是利用能力增权，通过多种渠道增强村民权力意识，提高知识水平、学习管理技能，切实提升村民科学参与决策的能力。

当然，居民增权离不开政府和非政府组织的监督、指导、支持和服务。政府帮助社区创造三类利益：经济利益、非现金福利和政策支持。经济效益包括增加就业机会、租金收入、融资和商业收入份额；非现金福利是指提高技能和改善当地基础设施；政策支持是指支持社区参与决策，通过培训和赋权、合作、规划、创造附加值、支持村民倡议，促进利益相关者之间的信息和沟通，增进社区福利。

五、主题村

主题村是指“发展服从于一个主导思想、主题，使其与众不同”的村庄[131]。这是一项试验，其间接目的是为生活在边缘农村地区的社区创造发展机会。主题村基于农村综合发展的范式，是一种创新的尝试，旨在基于真实的文化和社会价值观，在新的经济现实、知识经济、情感经济或创意经济中为村庄找到一席之地[132]。主题村有利于创造乡村自己独特的发展理念、独特的卖点和品牌。

主题村的主题可以根据空间、文化、创意以及商业和服务场所[133]的背景进行讨论。主题通常被视为对全球化的回应，以及在新的体验经济中生成乡村或地区的知名度。它与重组地方经济和社会结构有关，为后工业和农业经济活动创造了新的前景。主题是城市、城镇和村庄寻找新的发展基础、故事和身份的形象塑造反应。因此，主题是空间（环境）的投影，它以乡村物质遗产或非物质文化为基础，讲述反映在景观、建筑、饮食等中的自己的故事，包括建筑、历史、食品、教育、天文、运动等单一或复合主题，提炼精华，主打遗产旅游、艺术旅游、美食旅游、电影旅游和创意旅游中的任何一个或分支上的吸引力优势，且常常与生态教育和符合可持续农村旅游原则有关。例如，2021 年贵州省文化和旅游厅提炼了九个市州的非物质文化遗产特色，策划出九个文旅融合主题游产品，如，贵阳——匠心筑韵寻味林城、黔北——河谷寻艺茶海拾遗、安顺——浪漫瀑乡奇遇屯堡等，每个乡村区域有自己的特色，整合起来又呼应了“多彩贵州”的整体品牌形象和营销主旋律，彰显出全域旅游的崭新气象。

主题村通过凝练自身特色，集聚和深挖资源延长和扩展旅游供应链，帮助村庄创建自己的新身份，旗帜鲜明地为旅游供应链成员指明聚焦方向，成为某个主题领域的代表品牌。旅游主题来自乡村长期的历史积累和沉淀，是每一位居民耳濡目染、深谙于心的风物，因此居民往往更容易普遍参与，也更乐于参与。同时，专业化主题需要拥有自己的深耕团队，自然会加强经济企业与社区，与艺术家、科学家、业余爱好者、企业家之间的网络，与大学、协会、公司和城市合作[134]，并在同类或相关主题村庄之间建立合作关系，使旅游供应链构成更加多元和深厚，为乡村居民带来学习和发展的难得机会。

六、都农共生游

共生共享是全域旅游发展的重要原则。只有打破城乡二元分立、“偏利共生”的传统关系，城乡交融才能真正实现共生共享。都农共生游可以视为一个大的人口核心城市及邻接这个核心的乡村社区的组合，是在地理上、经济上、文化上、环境上具有高度一致性和一体化的有机整体。在现代化社会频繁的城乡人口流动过程中，工业化吸引人口从乡村走向城市，休闲化吸引人口从城市走进乡村。这种进城与出城的生活方式成为一部分人口的生活常态，城市的公共资源、治理理念和文明风尚向乡村延伸，乡愁情怀也吸引着城市居民和城市移民回归，不断弥合城乡之间的鸿沟。新时代，由都市和乡村截然不同又各具特色的风格混搭而成的都农共生游，形成了一个新的极具魅力的交叉领域和新兴空间。

“共生”一词源于种群生态学概念，用来描述不同种属生物按某种联系生长在一起的状态和关系。共生关系反映了组织之间相互依存、共同变化的动态平衡关系，并有利于组织向更有生命力的方向演化。城市是先进生产力要素的空间聚集场，拥有繁华和现代感、便利的设施、优质的公共服务、开放的人文精神；乡村是人类共有的情感归宿和精神家园，拥有农耕景观与自然景观、生物多样性与平衡的生态系统，以及农耕文明和乡土文化，是居住、养老、休闲、疗养、度假理想聚居地。城市和乡村二者之间不断发生着物质、能量、信息的交换，相互兼容，彼此依存。“十四五”时期，国家致力于扭转曾经失衡的城乡关系，提出推进高质量城镇化发展的乡村振兴战略。都农共生旅游供应链可以作为一个纽带，碰撞出城乡共生的旅游理念与模式，黏合弥补城乡现有脱嵌状态，重新激活二者的共生关系，走向更有生命力的和谐共同体。

都农共生旅游供应链（见图 4-2）将城市游和乡村游的供应链彼此交融，覆盖城市和乡村重要旅游吸引物，延长旅游供应链，规划城乡融合旅游线路，做到城市能力优势和乡村资源相结合，打破生产要素单向流动的壁垒，促进其在城乡之间自主、有序流动。伴随都市与乡村之间综合交通系统的完善、城乡建设布局的拓展、全域城镇体系的发展、乡村生态环境的维护、游憩目的地和遗址保护的兴起、先进技术不断向农业农村扩散传播等，城市与乡村形成了全方位、多层级、跨尺度的融合共生发展条件[135]。因此，都农共生旅游供应链必然会推动产业融合发展进而推进都农区的整体发展，带动乡村基础设施与公共服务体系的完善，消除城乡发展的不均衡，模糊城乡无论是空间还是意识上的边界，促进资金、劳动力、信息与技术等要素向乡村回流或与城市共享共用。最终生成城市与乡村平等、外来精英与当地社区共生、游客与村民共享的社会生态系统，实现城市反哺乡村，城乡互惠共生，完成农业经济到乡村经济、乡村文化向文化乡村的转变[136]。

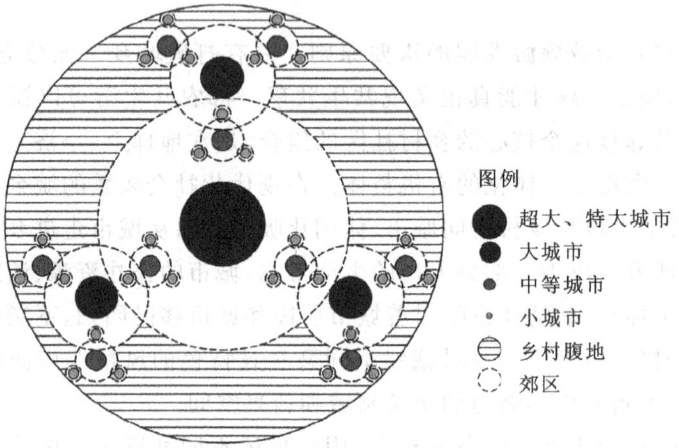

图 4-2 都农共生游理念示意图

第三节 全域旅游视域下可持续乡村旅游供应链

一、可持续发展概念

可持续发展(Sustainable Development)的概念可以追溯到 1980 年由世界自然保护同盟、联合国环境规划署和世界自然基金会联合出版的《世界自然保护纲要》。该纲要提出“必须研究自然的、社会的、生态的、经济的以及利用自然资源过程中的基本关系，以确保全球的可持续发展”。1987 年，世界环境与发展委员会发表了题为《我们的共同未来》的报告，正式使用了可持续发展的概念，将可持续发展定义为“既能满足当代人的需要，又不损害后代满足其需要的能力的发展”，强调可持续和长期发展才是真正的发展，认为经济、社会、生态是一个不可分割的系统，人类不仅要发展经济，还要保护人类赖以生存的大气、淡水、海洋、土地和森林等自然资源和环境，使子孙后代能够安居乐业。

可持续发展概念有四个方面的理解，下面具体介绍。

第一，可持续发展是一种发展战略。它强调当今与未来社会、经济、人口、生活、资源、生态和环境等各方面协调发展[137]，追求多种目标，如经济增长、社会进步、人口与生活质量和生态资源的全面协调发展[138]。

第二,可持续发展是一种"以人为本"的发展理念。它寻求和实现人的自由和全面发展,使人们获得丰富的物质财富和精神享受,这也是可持续发展的目标之一。

第三,可持续发展也被视为一种能力。"可持续性"是创造适应能力的能力,而"发展"是创造机会的过程,"可持续发展"是不断适应变化、保持结构稳定,以及面对意外变化时维持生存,同时创造机会的能力[139]。

第四,发展是目标,也是途径。"发展"不是物质财富增长的代名词,可持续发展也不仅仅是以物质财富为目标的可持续增长。"发展"既是推行可持续发展理念所要实现的目标,也是实现发展目标的途径。

二、可持续发展内容及其减贫伦理

可持续发展的内容包括经济可持续发展、社会可持续发展和生态可持续发展,这三项内容都蕴藏着减贫伦理(见图 4-3)。

(一) 经济可持续发展——加强教育,提升能力

经济可持续发展是要彻底改变"高投入、高消耗、高污染"的不可持续生产模式和消费模式,将节约资源和保护环境作为新的经济增长点,追求"高质量"的经济发展。可持续发展理念从来没有放弃对经济增长的追求,甚至将其视为解决全球贫困和环境问题的应对措施。这必然要求可持续发展的能力建设,包括教育、管理、法制、政策、科技、人力资源、公众参与等内容,改变区域发展不平衡,缩小城乡差别,重视教育和人口综合素质的提高,建立完善的社会保障体系。

(二) 社会可持续发展——机会公平,利益均等

可持续发展强调发展的均等性和公平性,它既包括同代内区际间的均衡发展,即一个地区的发展不应以损害其他地区的发展为代价;也包括代际间的均衡发展,即既满足当代人的需要,又不损害后代的发展能力。该理念认为,人类各代都处在同一生存空间,拥有同等的生存权,这一空间中的自然资源和社会财富为公共所有,各国各地区的人们拥有同等享用权,因此消除贫困是可持续发展要致力解决的重要问题。

(三) 生态可持续发展——摆脱贫困,保护环境

人是自然界的一分子,生于自然,依赖于自然。保护和改善人类环境关系到全世界人民幸福和经济发展。人类必须建立新的道德观念和价值标准,学会节约资

源,知道地球承载力有限,与自然和谐相处。我们应认识到,发展中国家依然需要保持发展的步伐来养活数量庞大的贫困人口,贫穷是全球环境问题的主要原因,如果不能消除世界范围的贫困和发展失衡问题,那么所有的环保举措都有可能徒劳无功。基于此,可持续发展的关注点不应只局限于环境问题,更要同时与"贫穷和不受控制的人口增长"作斗争。在尊重地球生态承载力和废弃物吸收能力有限性的事实基础上,探寻发展中国家摆脱贫困、谋求发展的科学之路。

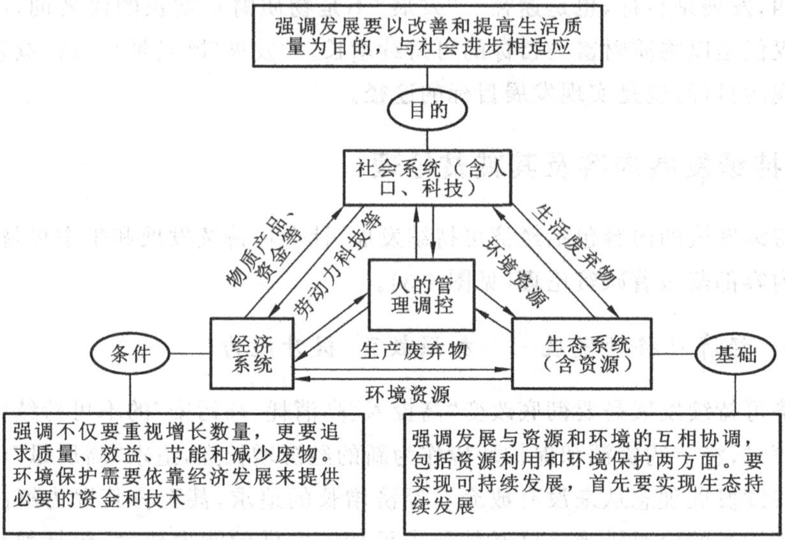

图 4-3　可持续发展的减贫伦理

三、乡村旅游可持续发展的提出

可持续旅游最初在某种程度上是一个反应性的概念,以应对 20 世纪 70 年代旅游业开始产生的许多问题,从环境破坏到对社会和传统文化的严重影响[140]。随着发展旅游的乡村越来越多,且缺乏对资源的深入挖掘,缺乏对建设的仔细规划与监管,许多乡村旅游目的地逐渐失去了乡村特色[65]。同一地区的旅游产品质量控制松散,同质化程度高,大规模资源耗费和不合理利用导致生态环境恶化,经营者之间竞争加剧[141],不仅损害了目的地社区内的社会凝聚力和人际和谐,更破坏了当地旅游业赖以生存与发展的资源环境。当地商业网络与战略性区域旅游规划的整合程度低,未能通过更广泛的协调行动将不同的供应链成员紧密联系起来,乡村农业人口面临一系列问题,缺乏农业种植能力和培训(人力资本),农业产出少;发展旅游导致物价升高,生活成本增加;部分乡村农业土地使用权转让产生的租金和农场工作机会不足，居民生活水平下降；旅游业带走了大量劳动力，导致社区劳动力短缺、农业荒废，可持续性问题凸显。

除此之外，新的乡村社会机构，包括私营农业综合企业，通过农田资产商品化、私营食品认证、可追溯系统和综合价值链渠道，往往会改变农村的愿景。这些经济结构倾向于农业综合企业的利益（如降低交易成本），且具有较高的技术要求，不符合小规模农民的利益和能力。当地农民越来越多地退出这一进程，取而代之的是有能力的企业组织，大多数小规模农民难以获得发展利益。因此，乡村旅游业还需要坚定地采用可持续发展和可持续旅游的理念，对上述一系列环境、经济和社会发展失衡问题进行反思，理性选择旅游业发展路径，避免未来乡村经济陷入危机。

旅游可持续发展问题备受全球关注。2021年9月，第76届联合国大会组织召开高级别辩论会，聚焦“将可持续旅游置于全球包容性复苏的核心”主题，就如何通过促进旅游业恢复发展，增进人类福祉、推动经济繁荣与可持续发展等议题进行研讨。未来更应从环境、文化和技术等多元角度对乡村旅游可持续发展进行更多探索。例如，在环境可持续方面，应关注如何把旅游需求从当前的高资源消耗模式转变为环境友好的模式，尤其是受气候环境影响较大的自然旅游等；在文化可持续方面，避免过度追求旅游需求的增长造成乡村文化的泛化演绎，关注如何维护和增强乡村目的地文化的个性；在技术可持续方面，开发和创新数字化旅游产品、服务和体验等，不仅要研究如何通过技术满足日益多样化的旅游需求，也要关注如何使用技术工具引导甚至创造乡村旅游需求。

可持续旅游发展应始终根植于旅游业如何发展的道德和伦理立场，无论是直接还是通过动员其他人朝此努力，其宗旨一定是促进或确保积极的变化[142][143]。旅游从业者的一项重要工作是帮助乡村建立一种“进步的地方感”，形成另一种认识和思考的方式，更好地了解当地人的生活方式，促进其与游客的互动，尊重当地人的感知、话语、观点和信仰，尤其是那些缺少话语权或未被充分代表的人，并协助改善生活和促进社会正义的变革[144]。旅游供应链力求促进乡村与游客和外界的联系，采用规范的、基于权利的方法来处理主要利益相关者关系，回应当地的看法、身份和对变化的反应，保留地方及其历史、政治、生态特征，并促进进步的基于地方的政策和战略，解决弱势群体的福祉问题，力求确保目的地的旅游发展使贫困人群受益。

四、可持续乡村旅游供应链发展机理

（一）利益共同体机制

乡村旅游供应链是一个利益共同体，对经济利益的共同追求鼓励政府、农业综合企业、村集体、原居民及移民家庭和消费者都参与到供应链目标实现中来，积极重组自然、物质、金融和社会资本，重新配置产品流、信息流、资金流，促使农村社区经济结构调整。

乡村旅游供应链外部，一些企业对基础设施系统（包括综合农田、道路、灌溉设施、现有房屋和市场设施）的投资（自然资本），可以用于农产品种植、灌溉、收割，食品加工、储存和运输，提供就业机会，增加集体收入和村民收入，满足了乡村旅游供应链中的农业环境、基础设施和旅游产品/服务（物质资本）等基本物质投入需求。外部投资者、商业组织、非政府组织、专业人才（如科研工作者、学术人士、大学生）协同企业家（人力资本）寻求商业或学术机会，研发、投资旅游生产，推出多样化旅游供应链产品，吸引更多游客，扩大当地市场。

乡村旅游供应链内部，社区领导者利用各种有用的外部网络和社区内部的团结信任（社会资本），以提高乡村旅游规划项目的科学性和合法性，与规划者、研究机构和公共部门建立联系，从多个角度获得乡村旅游必需的技术援助和政策信息。外部利益相关方的投入有助于系统地评估项目中的潜在优势和风险，提高乡村旅游的可行性。村委会有着广泛的社会关系，有助于解决内部复杂的关系和利益问题，提高村民的支持度和参与积极性。村民彼此学习分享从业技能和实践经验，传播应对波动市场和维持生计的最佳做法和有效策略。政府部门作为重要的保障力量，协助制定科学的旅游业发展规划，搭建乡村与企业、科研机构之间的桥梁，促进技术交流与合作，培养或引进高层次专业人才，并提供组织协调、技术指导、监督检查等服务。各方协同的合力最终引发乡村农业基础、经济结构、技术使用、社会关系和政府治理的变化，带来外来企业与当地家庭的互动以及区域发展机会，有助于新的社会制度和新的生产模式，进一步重塑乡村家庭中的个人与集体、社会、人力、文化和技术，以及形成创业氛围，积极主动地改善村民和社区生活质量的能力，促进乡村旅游供应链的发展。

（二）乡村社会结构和集体主义文化

乡村居民是乡村旅游供应链上极为宝贵的财富，不但受到旅游业的密切影响，而且有望成为旅游产品的一部分[145]。对当地动态历史的理解使他们能够确定当地关注的突出问题，把握当地资源的利用以及开发的速度和规模。反过来，社区参与被发现与居民对旅游业的态度呈正相关[128]，如果乡村居民不愿意或不能够充分参与到旅游供应链中来，或未能让当地社区参与决策过程，以及在旅游规划的区域层面缺乏综合愿景，会成为实现乡村可持续旅游的主要障碍。幸运的是，中国乡村旅游供应链建立在中国农村以亲缘关系为基础的社会结构和传统的集体主义价值观基础之上，农村社区的“家庭链”身份和集体主义文化[146]，使乡村愿意为解决当下旅游面临的问题而付出集体努力，乡村旅游目的地能够建立共同的目标，并在应对外部环境时发挥组织作用。在持有集体主义价值观的中国文化背景下，传统价值观会调节正义观念与村民行为之间的关系。社区公民行为超越了旅游经营者在其自己的私人企业中的责任和利益，并侧重于他们为整个目的地社区的利益而采取的自愿和合作行为。

（三）多年实践的复利效应

经过多年来国家可持续理念和战略的深入贯彻和长期实践经验的积累，形成了初步的乡村旅游供应链和相对成熟的旅游发展经验。多元供应商主体形成不同的供应链，各种各样的供应链汇集成全面的供应网络，为乡村旅游提供各种设施设备、产品和服务。围绕各类旅游企业这一供应链核心，上游有电器设备供应商、家具供应商、农副产品供应商、餐饮原材料及半成品供应商、旅游商品供应商、客房用品供应商、饭店清洁服务供应商等，下游有宣传广告商、营销商、旅游集成商、线上线下分销商、管理咨询公司等。庞大的旅游供应链网络使规模效应得以发挥，大大促进了乡村要素流动与经济活力。同时，在创建乡村旅游目的地时，在综合评估乡村社区资源的基础上，充分发扬民主，展开利益相关者访谈、游客调研、潜在游客调查、潜在情景开发、乡村居民受益分析等，尊重供应链成员尤其是当地居民的想法和意愿。在乡村旅游发展过程中，土地所有者、机构、社区共同努力，与其他行业和研究人员之间进行更密切的合作，为乡村旅游创新发展寻找更专业、更有效的方法[147]，探索更受旅游者欢迎的乡村旅游形式。

目前，乡村旅游在可持续发展上取得了不错的成绩：经济方面，刺激了区域经济，为农村生计和共同富裕贡献力量；环境方面，树立了“绿色”和“生态”形象，加强了对清洁的水和空气等共同环境资源的管理意识，强化了乡村社区环境保护的态度和行为；文化上，为乡村居民提供了重新发现和实践自身文化遗产的机会，促进了乡村文化复兴和文化认同，并利用传统知识和文化习俗，以及市场方面的新需求,开发不同形式的文旅融合产品,提供了与农业生态和文化复兴有关的宝贵教育机会;社会方面,社会网络得到了改善。频繁的游客和城市移民流动[148]为农村地区不断带来新技术和新思想,新的"在地旅游"正在形成,越来越多的居民成为既懂得农业生产又能够从事旅游业的多面手,"可持续"的意识愈发坚定,自发保护当地自然景观、农业生态和传统文化习俗。

五、可持续乡村旅游供应链的实现重点

下面具体描述可持续乡村旅游供应链的理想状态。

(1) 乡村性得以完整保存。

(2) 社区共享乡村旅游发展的利益。

(3) 外部投资者从其乡村旅游业务中获利。

(4) 游客享受难忘的高品质乡村体验[149]。

可持续乡村旅游供应链暗含了乡村供应链各方,即政府和管理部门、社区集体与居民、外部投资者、旅游者的权力和责任。要想使包括贫困人口在内的社区真正成为乡村旅游供应链的主体,最重要的是加强社区能力建设。增强能力才能切实实现社区增权和正确用权,而社区能力的增强离不开乡村各种生产要素的回流,以作为能力提升的根基。同时,生态环境的保持是高品质乡村体验的基本前提,也是现在乡村旅游发展中最容易被忽视和最为薄弱的环节。社区能力建设、要素的回流、生态环境保持,这些举措正在构建乡村社会、经济、生态的耦合格局,很大程度上推动乡村地区走向可持续发展。

(一) 社区能力建设

可持续旅游业发展的先决条件是建设社区能力,即社区制定和实现目标所需的能力、素质和技能水平,以共同努力实现持续的积极变化[150]。社区往往因为缺乏商业化运营、管理、营销以及游客服务等领域的知识技能而失去了对旅游业的控制,被公司和外部旅游运营商所取代。因此,乡村旅游需要工业和服务业活动要求的新能力、新技能,包括营销技能(如网络营销和在线销售)和旅游服务技能(如烹饪和沟通)。

Sharpley(2003)声称当地社区对乡村旅游业的可持续发展至关重要。他进一步指出,发展乡村旅游应解决以下问题。

(1) 满足当地社区的需求。

(2) 建立当地产品供应链。

(3) 鼓励生产当地工艺品。

(4) 确保在当地最大限度地保留利润。

(5) 确保发展在当地环境和社会的能力范围内[77]。

构建社区可持续旅游供应链[151]可以采取下列步骤。

第一步,了解社区可以提供哪些资源,确定利益相关者及其角色,确定可持续旅游发展的完整方案,建立参与机制。

第二步,优先让社区了解旅游业的成本和效益,构建具有明确目标和目的的组织结构,获得社区投入和支持,明确利益机制。

第三步,为社区制定教育和培训方案,并让主要机构向当地居民提供专家援助,提供支持机制。

第四步,跟踪可持续行动和实施,实施监测评估机制。

社区可以创新尝试建立一个具有跨界互动、乡村重组和组织间合作功能的社区合作网络,为供应链和社区投入知识和能力资本,从而进一步打造知识学习、互惠互利、开放又充满活力的乡村。社区合作网络鼓励乡村之间联合行动和社会包容,而不是传统的单打独斗,为可持续乡村旅游提供强有力的动力,也为农村韧性和转型提供新的视角,有望成为一种新的实践形式。

(二) 要素的回流与重置

乡村社区背景的关键方面——资本资产、制度和互动模式以不同的方式影响供应链的可持续性。

首先,社区劳动力、技能和组织模式会影响各种价值链中的能力。在某种程度上,价值链的能力缺陷源于农村社区资本资产的不当配置,弱势群体的利益未被充分考量或保护。政府正在逐步通过加大公共投资、人才引进、技术推广、信息化覆盖、农业资源环境保护立法、劳动力培训、技术创新、上门帮扶等举措促进农商环境的改善,完善生产要素的配置。

其次,社区传统对价值链的行为有持久的影响。长期以来,小农式的生产方式形成的乡村松散的关系结构,缺乏高度组织化的协作意识;家庭农业传统未能以不同的方式与现代农业综合企业实践联系在一起;农村小型或家族企业对基于互联网的现代化技术的接受和使用难度大,失去高效率低成本的销售机会。不过随着近年来乡村人才的吸引和回归,较高的技能化服务能力成为乡村高质量发展的必然趋势。

最后,劳动力、基础设施、技术和信息等资源的进一步社区化有助于将这些生存因素转化为成功的链级运营。积极主动的社区组织需要与社区中被边缘化的参与者或“较弱的层级”建立联系[152]，这有助于超越差异，围绕共同的愿景团结起来，以社区自治的方式为共同利益采取行动。

（三）生态环境保持

乡村旅游供应链展示环境能力的需求有利于乡民自愿参与农业环境保护实践，对地方的依恋也提高了农民对农业环境生产和减少污染的责任感，强化行动上遵循社区期望的社会规范，以及对不负责任行为的同伴施加压力。社区为主的利益分配机制激发当地农民对绿色工农业高度重视，激励他们自觉收集农药袋、垃圾分类处理、减少污染排放和其他影响水质、土壤、空气的负面行为。当然，政府监督管理十分必要，建立可追溯系统，以改善对价值链中食品安全和环境绩效的监测，将杀虫剂、化学药物的使用和污染排放情况纳入监测，严格控制剧毒农药和化学品的销售，推广清洁能源并提供补贴，并鼓励集体清理垃圾以减少潜在污染。

逆向供应链是乡村旅游环境可持续性中一个重要但被忽视的问题。通过大规模的废物回收和生态种植计划，帮助种植业、养殖业、旅游业融合循环发展。旅游餐饮剩余物用于养殖牲畜，动物的排泄物用于生产甲烷，以满足新农村地区的家庭能源或集体企业需求；生物或气体残留物作为种植农场的有机肥料，改善土壤结构和肥力。综合生态农业系统有助于提高村庄农业的生态效率，减少土壤和水质的污染，保护自然资源。

六、可持续乡村旅游供应链模型

可持续乡村旅游供应链尝试将旅游业与旅游活动所在地的社会、文化、经济和环境资源明确联系起来，形成强大的网络。乡村旅游成功塑造了乡村多功能空间，突破了将乡村等同于农业生产力、将资源视为利润最大化的商品的工具观，通过规划农村景观，恢复农场和野生生物多样性（例如鸟类、节肢动物、原生植被），允许越来越多样化的专题旅游项目（例如稻田湿地活动、鸟类观赏项目），支持以文化为重点的新食品（例如绿色健康食品）等旅游活动，促进社会资本和公共产品的生成，以重新挖掘或发现传统/地方知识，在农民和消费者之间建立信任关系，对后代进行文化和自然教育。通过政府资金、专家咨询，或者与其他非政府组织或村庄合作网络，策划新的旅游产品，扩大当地市场（例如面向城市消费者的直接分销渠道），促进对外交往，将农业资源重新整合到维持社会和自然的集体努力中[153][154]，造福于社区和城市、生产者和消费者、人类和非人类、当代人和后代，对农村地区环境和文化资源的管理和可持续发展具有重要意义。

（一）功能互嵌型旅游供应链

功能互嵌型旅游供应链必须根植于乡村特定的历史、文化和当地资源，或根植于生产者和消费者之间相互共享的规则。“产品越嵌入和差异化，在市场上就越稀缺”[155]。因此，分散在难以到达的乡村地区的小规模设施可以将这些“缺陷”转变为对游客的主要吸引力，如特色食品、自然观光、生态体验、社区活动、农场研学、户外探险等农业、文化、实践、活动旅游供应链互嵌联动，提供更丰富、更有吸引力、更有意义、更“真实”和难忘的旅游体验，形成新型综合吸引力。

（二）边界转移型旅游供应链

边界转移型旅游供应链是基于 van der Ploeg 提出的农业生态框架，“通过重新强调粮食生产和农业生态来重新定义自然的以领土为基础的发展，并重新确认农业作为维持农村经济和文化的主要因素的社会环境作用”[156]，它探索内部和外部、社会和自然资源之间如何相互关联、相互作用和执行实施。

边界转移示意中（见图 4-4），内三角形显示了通过农业现代化发展起来的专业化农场企业的边界。右侧，边界通过“深化”过程进行转移，包括为农产品增加特定的特征和价值（如优质产品、区域传统特产和有机食品）；左侧，“拓宽”通过农业以外的非传统农业实践（如农业旅游、自然/景观管理和能源生产）实现；底部，“再扎根”过程减少了对外部资源的依赖，同时增加了内部可用资源（例如资源调动，地方/区域网络与合作、多种工作岗位和新形式降本）。

（三）多层面一体化型旅游供应链

多层面一体化型旅游供应链涵盖物质层面、制度层面、精神层面。物质层面是表面系统，如人们可以体验的文化景观；制度层面是规范体系，如人们可以感知的法律或准则、居民的行为和风格、村规民约等；精神层面是理想系统，如信仰或价值观。

在第一个层面上，乡村的物理空间必须根据当地历史和文化进行再生和适当重建，利用物质资本投入更新物质空间，改善基础设施和生活条件，如民宿配有计算机、无线网络、有线电视、冲水马桶和供暖设备，并拥有当地特色的休闲娱乐服务，以方便当地人和游客。

在第二个层面上，乡村旅游应坚守促进乡村居民可持续生计的宗旨，从经济、

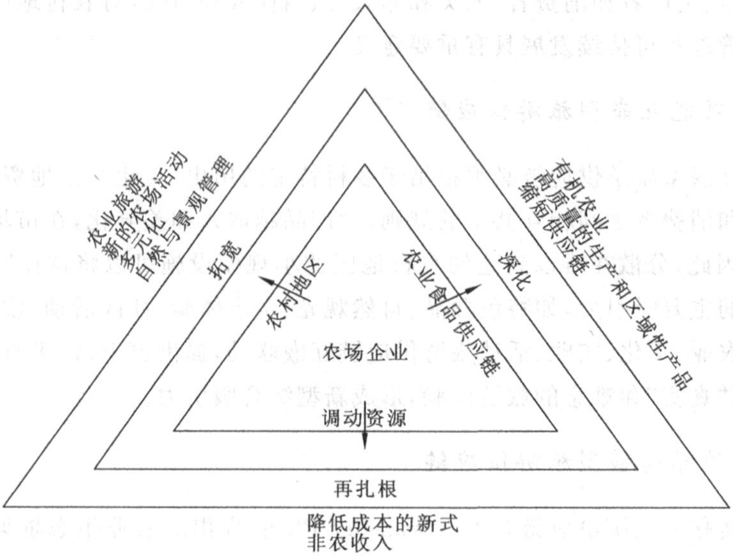

图 4-4 边界转移示意

社会和环境角度调整或修订制度并形成新的公约，为乡民能力的提高创造更加有利的制度环境，这在某种程度上可以转化为乡村旅游的可持续能力。

在第三个层面上，乡村旅游所采取的所有物质、社会和经济改善措施都需要加强人们的地方认同和团结，使当地居民能够改变对自己和生活地点的看法，欣赏农村生活的积极方面，增强作为一名“乡下人”的自信心和自豪感，并享受农村居民的特权。尽管该模型是理想的，但它对于乡村规划者、管理者、企业家和旅游从业者来说，具有很大的指导作用和参考价值。

三个层面中，第三个层面尤为重要，因为太多乡村在发展旅游过程中因仅仅重视物质层面而忽视精神层面最终导致失败。旅游发展给乡村居民的生计、生活方式、社会网络和生活环境都带来了巨大变化，过快的经济发展给当地居民提出了文化挑战，影响着乡民自我身份建构和转变。但同时也多亏了乡村旅游的发展，大量的乡村文化遗产被重新回顾、挖掘、保护和恢复，甚至在时代的动态发展中进一步被调适、发展与重构。乡村旅游不应仅仅被理解为一种旅游类型，还应被理解为保护和再生农村社会和农村文化的工具。将中国人顺应时节、尊重自然、利用自然的思想理念和独特智慧注入乡村旅游供应链，时刻传递其价值和精神，让游客在感受当地民风民俗中增强文化自信、提升中华文化认同感。

第四节　对旅游供应链和乡村旅游业的反思

一、再定义旅游供应链价值

在中国特色社会主义进入高质量发展的新时代背景下，旅游业重启、重组必然嵌入新的理念、标准和规则，体现人们对生命价值、存在意义、生存方式等问题的深入思考，自觉调节追求身心自由与实现人地和谐的关系，促使旅游内涵和形式发生质的变化。乡村旅游社会经济体系将涵盖更多关于气候变化、可持续旅游、地方社区和社会福祉、生态平衡方面，有利于旅游业抛开近年来的“黑暗面”，如环境剥夺、经济滥用、无限制增长等问题，走向注重教育、环境和社会正义，使旅游业更加务实和理性。游客、当地社区、中小企业、政府等利益相关者均须在新的时代，主动反思或顺势而变，推动整个乡村旅游供应链系统走向变革。

（一）价值再思考与传递

游客将重新定义和理解环境和安全，审视思考生命和健康，并通过改变消费行为向市场传递需求；旅游供应商和提供商接收信号，改变其不可持续的产品供应，并积极参与业态创新；旅游从业者重新审视职业意义，改变工作态度，重燃工作热情；政府对气候变化的反应和对低碳经济的需求将持续更新；以社区为中心的旅游框架和负责任的旅游理念备受推崇，改善旅游资源分配和服务重心。这些措施可以连接、支持和激励整个旅游业，修复和改造旅游供应链有害和薄弱环节[157]，构建一个稳定和公平的旅游供应链系统，最终使每一方都受益[158]。

（二）政府角色的转变

随着乡村社区的逐渐成熟，乡村旅游发展的优化路径不断清晰，政府逐渐从主导角色转向治理和服务角色，让市场和社区在旅游供应链中有更大的发挥空间。乡村旅游发展模式逐渐从“政府主导＋市场配合”模式向“市场自主＋治理型政府”或“市场自主＋服务型政府”模式发展[159]。当然，乡村旅游业在发展历史、基础设施、资源禀赋等方面均存在差异，政府扮演的角色也应因各地特定条件和发展阶段的不同而有所差异。

（三）新的边界与模式

在新理念引导和新技术的加持下，新的商业模式，如虚拟旅游、网络中介、多边市场、共享经济、直播旅游、云聚集成为新业态。旅游供应链的边界持续拓展，不断引入新资源（如气候、天象）、渗入新领域（如公益、金融、医疗）、加入新成员（如媒体、主播），致力于交换、共享和联通的服务生态系统正在形成，共同创造服务、产品和价值。

（四）旅游经济新秩序

以可持续旅游、气候行动、社会福祉和地方社区参与为特征的旅游经济新秩序正在形成，线上替代线下、减少碳足迹、动物和森林的保护、对生命和健康的重新思考、休闲和大健康旅游等新的旅游理念蔚然成风。在追求旅游业继续增长的同时，考虑包容性、适度性和社会责任，承担起对地球生物多样性保护和生态环境的责任，始终朝向更重大、更有意义的方向发展，努力将旅游业置于一个可持续的、道德的、与世界共存的场景。

二、乡村旅游业的社会正义与伦理

发展乡村旅游业很容易造成一定程度上的不平等，部分村民被置于社会权力的边缘，在市场上几乎没有议价能力，在政治进程中也几乎没有力量[160]。因此，道德和伦理问题应成为乡村旅游决策中的重要考虑部分，积极寻求跨越价值观和理想目的障碍的规范性方法，在旅游政策和实践中实现人的尊严、人权和正义。在追求旅游业美好生活的过程中，应特别强调释放人类的能动性和自主性，通过更好的旅游生产和消费的行动，避免不平等、恐惧、异化和剥夺权力的发生[161]，并提供创新和进步的方向。

尽管由于不同的社会角色、使命和价值平台，社区之间和社区内部的利益各不相同[162]，利益相关者的参与程度因社区的利益和授权而异，所有利益相关者不可能也不需要平等地参与决策过程，但所有决策都应该以正义为导向，所有主体都应该被识别和理解。治理意味着让所有参与发展的社区行动者都参与进来，为社区发展目标的规划和管理创造对话空间。尽管不能保证所有利益相关者都同时获得双赢的局面，但长远看来，不同供应链成员之间应具有合作、协议、对话、网络和集体学习所需的条件机会，保证所有利益相关者均能获得支持并因此受益，尤其要解决弱势群体的福祉问题，确保乡村目的地的旅游业发展惠及穷人。

供应链视角提供了另一种认识、理解和思考乡村旅游的方式。首先，乡村旅游供应链提供了巨型网络和纽带，方便成员更好地了解彼此的互动和生活方式，尤其是那些被代表不足的人的感知、话语、观点和信仰，建立替代的认识和思考方式，并协助进行变革，以改善生活和促进社会正义[144]。其次，乡村旅游供应链也提供了一个镜头，提供了领域内外的许多替代视角，包括各自境遇、现状、困难和努力，有利于在认识和行为上相互理解和包容，开诚布公地增进沟通交流，以更加开放的态度接受各种现实问题和解决问题的不同方法，建立更加和谐的供应链关系。最后，乡村旅游供应链促进了游客与世界的联系，以自己的旅游经验回应对当地的看法和对变化的反应，帮助乡村居民建立自我身份认知，引领目的地的价值观，成为保留地方及其历史、文化、生态特征的动力，并促进政府制定进步的、基于地方的政策和战略。

三、社会化旅游框架

社会化旅游(Socialising Tourism)是指让旅游业对所处的社会做出响应并负责，旅游者和旅游业均应社会化，以服务于当地社会需求和利益的旅游方式[163]。社会化旅游呼吁将旅游放在它所发生的社会背景下理解，强调旅游业对当地社区的尊重、关心、互惠和责任，并利用它为当地社区增权和谋福祉。Higgins-Desbiolles 提出的一个社会化旅游的实现议程，包括社区参与决策、游客扮演客人而非消费者角色、旅游协会为社区服务、旅游企业签订社会合约等，下面具体介绍。

(1) 政府优先考虑本地公司和企业，而不是跨国公司。跨国公司往往对当地不负责任。应促进中小型旅游企业发展，使旅游业有一个更加公正和可持续的未来。

(2) 旅游企业必须缴纳一定数额的税金，而且不能利用不正当手段逃税，不应该允许这些公司将市场失灵的成本转嫁到公众的头上。

(3) 如果旅游企业破产，员工应该是这些企业的优先债权人，并应该支持他们接管破产企业。

(4) 促进包括合作社、非营利组织和社会企业形式在内的其他模式，支持为公共利益服务的旅游业。

(5) 国家旅游委员会必须回到它们最初的公共服务使命。

(6) 促进旅游的公益形式，包括教育旅游、公民科学、社会旅游、社区交流等。增加当地人民从旅游业中获取收益的非正式部门也应得到优先重视。

(7) 在气候变化的威胁下，自然环境的生态保护必须得到高度重视。国家公园和保护区等公共资产不应进一步私有化。

(8) 旅游的开发类型应该由当地社区决定。

(9) 保障员工的基本收入、权利和良好的工作条件。

第五章　全域旅游视域下乡村旅游供应链减贫体系

本章将全域旅游、旅游供应链嵌入乡村旅游减贫目标，分析了乡村旅游供应链减贫的运作机制、动力机制和保障机制；提炼了乡村旅游减贫的全供应链体系，包括全产业供应链、全渠道供应链、全要素供应链；分析了旅游供应链减贫的作用机理，提出了数字化时代旅游供应链的新形态——虚拟集群式旅游供应链，为乡村减贫事业提供了新视角与源动力。在全域旅游视域下，从经济、社会、文化、环境、治理、增权、心理七个维度构建了乡村旅游供应链减贫成效评价指标体系，为评估乡村减贫效果和旅游供应链作用的发挥提供了测量依据。本章在前几章实证研究的基础上，重新发现和构建理论，进一步补充与完善供应链理论，也为乡村旅游供应链实践提供一些有益的思路。

第一节　全域旅游视域下乡村旅游供应链减贫运作机制

一、乡村旅游可持续减贫的全供应链机制

Tapper 和 Font 等认为，旅游供应链包括旅游产品供应体系中所有(包括直接和间接)满足旅游者需求的商品和服务的供应者[52]，除交通、住宿、景点景区、餐饮、旅游商品(旅游纪念品、手工艺品)等基本服务外，还考虑了基础设施建设、水电供应、食品生产、垃圾处理、洗衣服务等上游供应商服务，是一条较为经典的旅游供应链。旅游业经过几十年的高速发展，新技术、新理念、新趋势、新特征不断融入，旅游供应链持续演化，有必要在此基础上重新审视旅游供应链模式。

乡村旅游供应链减贫，特殊性在于乡村旅游与第一、二、三产业的天然融合性，容纳了农、林、牧、渔、加工、制造、餐饮、酒店、仓储、金融、工商、地产等行业，供应链纵向跨度长。图 5-1 构建了覆盖全产业、全渠道、全要素的完整的乡村旅游供应链模型。

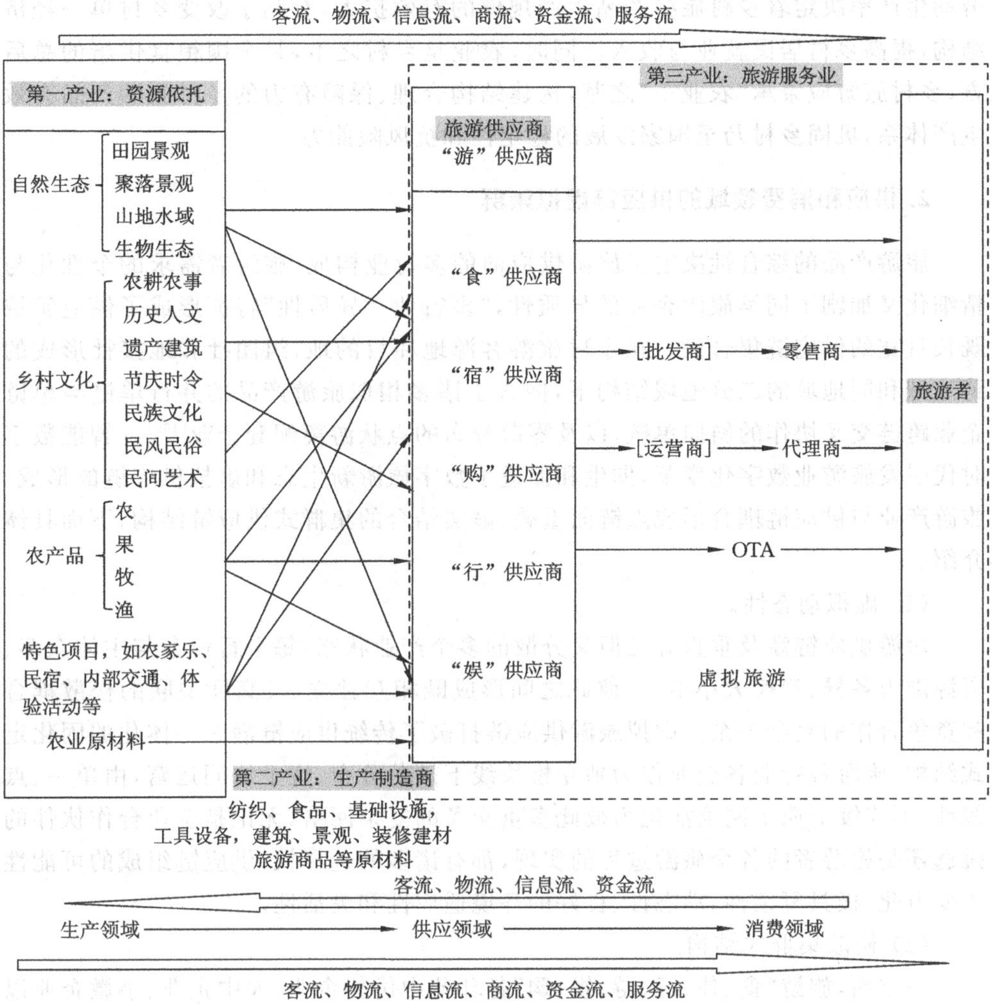

图 5-1 乡村旅游供应链模型

(一) 全产业供应链

1. 生产领域

乡村旅游减贫供应链根植于农业农村，乡村自然文化环境既是乡村旅游减贫的资源依托，包含了自然生态、乡村文化、农产品与特色活动，也是旅游产品的生产源头，是旅游供应商的原材料提供商。乡村旅游生产体系是农业资源、生产手段、生产技术等的有机结合[164]，提高乡村旅游资源利用率、旅游参与度、土地产出率和劳动生产率决定着乡村旅游产品生产规模的有效扩大，有利于改变乡村单一经济结构，提高乡村居民就业与收入。同时，农业是乡村之本，是全国粮食供给的总后方，乡村旅游应秉承“农业+”之基，构建结构合理、保障有力的乡村旅游产品有效生产体系，巩固乡村乃至国家发展的稳定性和抗风险能力。

2. 供应和消费领域的供应链虚拟集群

旅游产品的综合性决定了旅游供应商的多行业构成，旅游者需求的个性化与精细化又加剧了同类旅游企业的异质性，“多行业—异质性”特征形成了供应领域既长且宽的供应链集合面。在乡村旅游客源地和目的地，组团社和地接社形成的跨地域和同地域的二分地域结构下，嵌入了诸多相似旅游产品的并行单链与单链企业跨链交叉协作的斜向单链，以及零散分布的点状游离配套企业[165]。智能数字时代引发旅游业数字化变革，催生和促进了数字旅游新生态和虚拟供应链的形成。旅游产业与供应链耦合形成点链面重叠、虚实结合的集群式供应链结构，下面具体介绍。

（1）虚拟动态性。

旅游供应链涉及垂直分工但又分散的多个产业状态，每个行业参与主体众多、资源能力各异、规模大小不一，彼此之间形成既相互独立、又高度关联的松散耦合和竞争合作的复杂关系。虚拟旅游供应链打破了传统供应链静态一体化的固化定式结构，旅游各行业各企业作为独立模块线下散落分布、线上协同运营，由单一、点线性、不连续的简单网络演化为彼此多重交叉的复杂网络，无论是企业合作伙伴的挑选还是旅游者的各个旅游过程的实现，都有诸多的选择权，供应链组成的可能性千变万化，极具复杂性、动态性、良好的环境适应性和灵活性。

（2）松散集群式结构。

一方面，旅游“食、住、行、游、娱、购”各环节中优势企业、大中企业、小微企业以及辅助企业围绕核心企业形成散点聚类分布状集合，不同供应链主体在虚拟供应链网络中所处的位置由其所拥有的资源、能力及上下游关系密切的程度等因素决定，表征为核心企业中心性和供应链密度两大特征。中心性指核心企业在供应链网络中占据核心地位的程度，中心性越高，对依附企业吸引力和影响力越强，越能支配价值链分配。供应链的密度越高，核心企业与其他节点企业的关联度越强，形成产业集群。

（3）链核模糊性。

每一个节点企业都是独立法人实体，拥有独立决策权和控制权，由于节点企业众多、集群影响范围有限，没有哪个企业可以支配整条供应链，链核缺失或模糊，供应链连接呈松散状态。同时，自身利益最大化的追求会与供应链整体性目标相冲突,供应链信息不对称与决策者的有限理性均会造成信用缺失等机会主义,给旅游供应链稳定性埋下隐患。

(4) 中间商角色重要性。

旅游中间商在旅游供应链中的角色非同寻常,能够凭借中介优势在很大程度上操控营销重点,制造热点、引导旅游流量和走向,引导旅游供应商与利益相关者的运作方式与态度,对大规模资源的集成能力和分销渠道的选择拥有较大的利益分配权力,进而影响旅游供应链结构与旅游地经济发展。在旅游目的地,旅游运营商也可以对当地的产品和公司进行推广[166]。

值得一提的是,在当今散客化与数字化、智能化的时代背景下,旅行社无力发挥其控制重要资源和关键技术的核心能力,其地位大大弱化。旅行社在旅游供应链中的链核地位将被具有最强线上线下集成能力、最大渠道权力和最佳整体竞争力的供应链所取代。这条最优供应链可以是动态的,也可以是虚拟的。

(二) 全渠道供应链

1. 传统分销渠道

传统分销渠道建立在旅游产品基础上,它强调通过中间代理商(旅游经营商和旅游零售商)克服由于旅游者集中度低(旅游者来源分散)所带来的分销障碍,分为直接渠道和间接渠道。

(1) 直接渠道。

旅游供应商不经过任何旅游中间商直接向旅游者提供旅游产品。路径为:旅游供应商—旅游者(散客游)。

(2) 间接渠道。

间接渠道的路径分为以下两种。

① 旅游供应商—[旅游运营商(tourism operator)]*—旅游代理商(travel agency)—旅游者。

② 旅游供应商—[旅游批发商(tourism operator)]*—旅游零售商(travel retailer)—旅游者(包价游)。

加*代表[]中主体可能出现,也可能被越过。

旅游运营商(即旅游批发商)大批量订购酒店客房、交通、景点单项旅游产品,将其组合成包价旅游线路,通过旅游代理商(或旅游零售商)向旅游者提供现成的旅游产品和服务。旅游者也可以只从代理商购买部分旅游产品,即半包价游。

2. 现代分销渠道

现代分销渠道建立在信息集成基础上，主要指 OTA（Online Tourism Agency，在线旅游平台）。

(1) 旅游供应商自建渠道（自建网站与商务平台）。

(2) 垂直旅游网络（旅游产品纵向整合，如同程、途牛、驴妈妈、飞猪、马蜂窝等）。

(3) 综合电商网站的旅游频道（如淘宝、天猫、京东等）。

(4) 吃喝玩乐系（如美团）。

(5) 短租类合作分销（如 Airbnb 爱彼迎、小猪短租）。

3. 虚拟旅游

虚拟旅游是旅游者利用 VR（Virtual Reality，虚拟现实）技术，通过模拟现实旅游景观或超现实景，在虚拟的三维立体环境中获得身临其境般的体验感并与场景进行交互的技术，能帮助人们实现足不出户的旅游。虚拟旅游是在虚拟空间里对现实旅游的模仿，超越了旅游的时空性，为旅游行为的实现增加了一条新的旅游供应链，是对旅游活动中新的人地关系的尝试。

（三）全要素供应链

乡村旅游的发展给广大乡村地区带来了新要素、新动能。围绕满足游客需求的核心目标，海量的信息流、物流、商流、资金流、服务流在旅游供应链上双向快速流动，带来外来资本、信息、人才、技术、管理等新型稀缺要素的注入，大大弥补了乡村原有劳动力、土地、资金等传统要素的不足，成为改善乡村长期匮乏的交通、水电、医疗、卫生等旅游基础设施，盘活乡村闲置土地、房屋、劳力等原有要素，激发乡村内生发展动力的重要引擎，并进一步影响乡村“生产、生活、生态”空间重构，促进第一、二、三产业的持续分化演进，拉长拓宽供应链，促进乡村经济转型。与此同时，乡村旅游供应链带动乡村劳动力和农产品的逆向流动，使乡村优势要素顺畅流向城市，通过供应链价格机制、分配机制、组织机制，实现农产品增值、农民增收、乡民多渠道就业等，乡民利用学习到的新知识、先进技术、经验、积累的资金，又可以反哺乡村，形成造血式良性循环。

二、乡村旅游供应链动力机制

（一）推动力

推动力是指旅游者离开客源地的动因和内在需求力量。Turner 分析朝圣现象所使用的“过渡礼仪”和“中介迷离”[167]，被学者们借用来解释旅游者空间层面上暂时脱离平时居住地以摆脱日常社会和责任义务的旅游动机；Jafari 提出“跳板”理论，游客追求“非同寻常的流放”过程中的释放与激励又回到正常生活[168]；Cohen 认为追求新奇感和陌生感是现代旅游的动因，并将旅游者追求的体验分为娱乐、转移、体验、实验、存在五种模式[169]；Urry 认为旅游者是为了获得凝视“他者”的体验[170]。总之，学者们公认旅游是为了追求一种人生经历的转换。在经济高度发达的后现代，乡村与作为主要潮流的城市化和非主要潮流的逆城市化同时存在。旅游“具身”转向背景下，旅游者更加向往对乡村情境的体验与互动，追求自我身体与乡村世界发生遭遇、探寻、施行、栖居等交互过程并获得生命力和深邃感、历史感、穿越感、存在感、梦幻感等旅游体验[171]。城市生活的巨大压力，拥堵、污染等环境问题以及冷漠的邻里关系造成人们对城市生活不同程度的疏离与逃避。乡村旅游既是人们对“望得见山，看得见水，记得住乡愁”的回忆与依恋的找寻，也是对“我是谁，我从哪里来”哲学命题思考和生命价值体悟的重要载体，更是人们排解对城市生活的疏离，重新激活意义、价值、信仰、灵感、动力的大后方和归属地。

（二）拉动力

拉动力是指激发、吸引旅游者前来乡村旅游的外部力量，包括乡村旅游目的地的资源吸引力和各种各样的政府鼓励政策、旅游营销活动、便利设施等。乡村性或乡村地格（Rural Placeality）是乡村旅游的动力源泉[172]，乡村自然文化旅游资源丰富，拥有旖旎的自然风光、多彩的文化民俗、原生态景观资源，有着与城市钢筋水泥的冰冷风格截然不同的田园风情，以及生产生活、邻里相帮的慢节奏与暖氛围，此种“反向性”特征是乡村旅游市场的根本驱动力。“十三五”期间，旅游扶贫成为我国扶贫开发十项重点工作之一，乡村旅游被赋予了“旅游扶贫”“精准扶贫”的新使命，成为城乡一体化融合、乡村振兴、实现农村地区的共同富裕和全面小康的重要路径。“市场主导＋政府搭台”模式大大促进了乡村旅游的活力和创新性，各种乡村旅游营销活动层出不穷，基础设施不断完善，加上城市周边便利的交通区位，形成全国性乡村旅游的风潮，吸引着越来越多的城市居民利用周末和节假日高频次短途出游。

乡村旅游拉动力的根本与核心在于开启乡村的内生驱动力，在乡村文脉和地脉中发现精粹、汲取精华，向人们提供一种可以释解乡愁、感受本真的“乡村性”景观和体验。乡村性强调乡村的本真性和“田园味道”，自然生态在其中占据了关键的地位。Claire 点明，“乡村性实际上即是乡村旅游开展营销的大核心以及特色独具的卖点”，他还提出了使乡村性得以长存的重点，即经营保持小规模状态、维持本地人所有、坚持社区参与，最后还有文化与环境的可持续性。村民自主参与，创新性地将传统与现代有机结合，不仅有利于乡村资源的保护和传承，也能够最大限度上保证乡村性的延续，确保乡村旅游的惠民本色，在时代的动态发展中调适、发展与重构乡土文化内涵和文化自信。

乡村旅游在成为乡村振兴政策的关键一环之后，诞生了比如农民合作社、职业农民、家庭农场等新型乡村组织类型或角色，促进了乡村旅游形态创新和社会结构转型发展。在乡村旅游发展过程中，只要能够充分保留、发掘和形成乡村性的内在丰富性和相对独特性，对乡村性及其作为景观表征的乡村聚落、乡村生态（包括自然生态和文化生态）特质和形态予以深度关切，就能够达到借助乡村旅游发展实现乡村振兴的目的[173]。滇西北地区作为民族文化的聚集区，应该在开发和营销的时候将坚守“乡村性”本质、民族文化作为乡村旅游吸引力的底色，保持乡村地区民族文化的原真性，建立当地人对民族文化的认同感和自豪感。唯有如此，才能进一步留住乡村旅游的地方感和村落感，而不会在这个过程中迷失。

在乡村旅游供应链“城市生活外推＋乡村旅游吸引”的推拉合力下，城市中高端人群或具有“田园情结”的原农村群体越来越青睐乡村休闲体验。乡村旅游日益代表了有品质和品位的生活，与城市的现代化形成鲜明对比，吸引着异地差异化乡村或城市旅游者前往。

三、乡村旅游供应链保障机制

世界旅游组织将旅游扶贫的主要利益相关者归纳为当地居民、政府、企业、非政府组织、教育机构及部分旅游者[174]。本地政府是提供乡村旅游发展支持政策和监督管理机制的服务单位[175]，既是顶层设计者，能规划、调控、监督和引导、规范旅游发展，又为具体实施保驾护航，为政策的践行提供资金、宣传、基建、培训、指导等助力和保障；企业受乡村旅游发展机遇吸引前来投资，为旅游供应链提供资金、知识、经验、管理等关键要素支持，是实现乡村旅游资源向社会经济效益转化的载体；社区居民既是旅游资源的拥有者和提供者，又以就业者的身份直接或间接参与乡村旅游服务乃至创办相关企业成为创业者，是乡村振兴的帮扶对象与乡村旅游益贫供应链核心；游客是乡村旅游供应链的终端，享受乡村旅游产品或服务，也是旅游效益的源泉。此外，关注乡村问题的组织协会和公众，如非政府组织、国内专家和志愿人员等也是构成乡村旅游供应链环境的一部分，影响着供应链各种作用机制，起着不可或缺的作用。

由上，构建出以乡村经济、文化、社会、环境为背景，以益贫与乡村振兴为目的，依托乡村旅游资源，建立以政府为主导，以社区（尤其是贫困人口）为主体，各微观市场主体（包括旅游企业、公众、非政府组织、教育机构、旅游者等）积极参与，以满足多渠道下旅游者商品和服务需求的乡村旅游供应链体系（见图 5-2）。

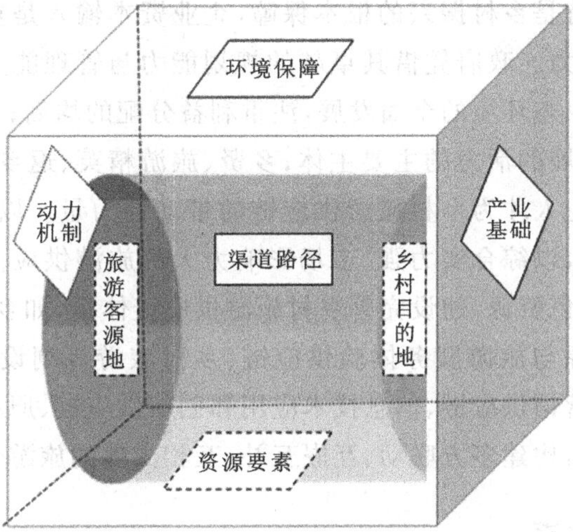

图 5-2　乡村旅游供应链体系

（注：椭圆中不同部分代表了不同的供应链渠道）

第二节　全域旅游视域下乡村旅游供应链减贫成效评价指标体系

一、乡村旅游供应链减贫目标与路径

摆脱贫困、实现乡村振兴和共同富裕（包括物质富裕与精神富裕）是乡村旅游供应链减贫发展的战略目标。所以乡村旅游供应链应综合考虑农村的社会、文化、精神需求与经济利益，避免乡村资源的非公平转移和贫富差距扩大。在顶层设计上，乡村旅游合作社或村委会通过制度设计，设定“向本地村民等弱势群体倾斜”的收益分配原则，鼓励当地村民主动参与经济活动，既可以成立家庭企业开展旅游接待，又可以通过资源入股方式加入合作社获得分红收益；在供给上，乡村旅游企业通过多样化资源与要素配置，推动乡村资源全面参与，促进农村集体经济繁荣发展[176]；在合作上，各供应链主体通过知识、技能、信息与创业资源的彼此合作共享，形成在丰富供应链领域（如种植、养殖、文化、技艺、展演、纪念品）和不同供应链位置（如产、供、销及细化分工）的复杂交错网络；在分配上，通过共享式经济模式创造集群价值[177]，形成乡村居民通过不同参与方式“人人受益”的分配格局。

乡村旅游供应链由政府、村集体、合作社、企业、贫困人口等多元主体有机结合构成：政府主导扶持是乡村振兴的根本保障，企业资本输入是重要基础，贫困人口积极参与是核心动力。政府凭借其卓越的规划能力与管理能力，统筹和支持贫困地区经济、社会与生态环境的全面发展，注重利益分配的均衡；企业遵循市场导向，是增强乡村旅游发展的活力的主要主体；乡贤、旅游精英、返乡者和具有社会责任感的外部企业、专业人才为乡村旅游供应链的带动性力量。以旅游业与农业的深度融合为产业基础，以综合实力强、市场影响力大的旅游供应商企业为链核，积极拓展乡村内外部特色资源，建设完善乡村旅游供应链体系，如乡村旅游基础设施供应链、乡村旅游资源与旅游服务体验供应链、乡村旅游规划设计与产品开发供应链、乡村旅游推介营销供应链、信息技术应用和创新供应链、原材料供应链、乡村旅游人才培养供应链，构建多方联动、互嵌互补、互相支撑的旅游供应链服务网络。

二、评价指标体系

全域旅游是以旅游业为优势产业，带动和促进区域协调发展理念和模式。区域协调发展，除了经济上获得增长收益外，还在于获得更加高效的社会、文化、生态等效益。全域旅游背景之下，旅游业发展不再单一依赖于以旅行社、酒店、景区为代表的传统旅游要素，而是要推动产业融合发展。乡村特色资源、山区自然、文化资源等旅游要素，都有可能成为具有吸引力的旅游资源。因此，从更深层次看，乡村发展全域旅游有更深刻的社会发展意义，有助于消除城乡间、地区间的二元差异，推进乡村区域内经济社会、生态环境、公共服务、政策体制、文化文明等方面全方位、系统化的优化提升。

毫无疑问，在全域旅游视域下，乡村旅游供应链需要多方主体参与，遵循平等合作原则，形成多方协同、权责分明、合作共赢的伙伴关系，找到各方在利益诉求上的平衡点。但无论如何，在乡村旅游供应链中应确保村民的主体地位。让村民在乡村旅游产业发展过程中获得更多的收益，是乡村旅游供应链减贫的核心要义[58]。还应当看到，发展乡村旅游的意义不止在于促进目的地经济发展，更要致力于解决社会问题。乡村旅游供应链的社会价值，在于通过乡村旅游拉动整个乡村供应链网络的全面进步，助力实现乡村振兴，解决长期存在的乡村不平衡不充分发展的问题，为实现乡村共同富裕提供可能的路径。

已有减贫测量文献中，多维贫困理论、人类发展指数（HDI）、多维贫困指数（MPI）常从生活水平、健康状况、教育水平三个基本维度测量旅游减贫的效益。Yang等阐述了社区参与的八个影响因素，并建立了村民参与旅游开发决策的概念模型[127]，这些因素包括村民对当地旅游发展的感知、地方依恋、旅游发展影响感知（获得感、幸福感、自豪感）、村民参与能力、参与态度、村民参与决策、旅游发展偏好和旅游参与行为；魏宝祥等从经济、文化、社会、环境、生活五个维度构建测量指标，评估民族地区乡村旅游长期减贫效应[178]；罗莹和姚增福从经济、社会、环境、权利四个维度评估了乡村旅游减贫效应及其对农户参与意愿的影响[179]；韩磊等从乡村旅游地居民旅游影响感知的视角探讨旅游减贫效果，包括减贫效益、环境-社会效益、旅游发展、素质提升、经济成本、社会成本和环境成本七个维度[180]。

新时代乡村振兴是破解当今乡村发展的主要社会矛盾和突出问题的唯一出路，是全面消除绝对贫困的重要基础，是乡村脱贫后的必然归宿，为我国新时代农村发展指明方向。因此，可以从乡村振兴维度，借鉴乡村振兴战略的“二十字方针”归纳乡村旅游供应链减贫成效的衡量维度。乡村振兴战略的“二十字方针”，即“产业兴旺、生态宜居、乡风文明、治理有效、生活富裕”，其中，“产业兴旺”与“生活富裕”强调经济层面，重在资源整合、产业培育、经济转型与收入增长，居民享有平等参与权利、共享现代化成果；“生态宜居”强调环境层面，关键是乡村景观优化、环境美化、人居环境质量改善，发展绿色生态新产业、新业态；“乡风文明”强调文化层面，关键是乡村文化传承、思想观念转变、和谐社会构建；“治理有效”强调治理层面，关键在基层组织建设、民主自治、科学决策与机制创新。因此，乡村旅游供应链以农民为中心，在社会、文化、经济、环境、治理之间建立强大的供应链网络连接体系，以激活乡村土地、人口、产业等要素活力和内生动力为抓手，系统构建乡村“人”“地”“业”耦合格局与创新体系，推进创建多层位、立体式、地域化乡村振兴战略体系，科学推进乡村经济、社会、文化、教育、生态、技术系统协调与可持续发展。

基于对相关文献的评价指标进行梳理，并结合案例地的实际情况，按照科学性、系统性、可行性等原则，本书以村民感知为核心出发点，从经济、社会、环境、文化、增权、治理、心理七个维度评估乡村旅游供应链减贫效应，进一步筛选二级指标，最终共设置28个乡村旅游供应链减贫效应测量指标（见表5-1）。

表 5-1 乡村旅游供应链减贫效应测量指标体系

因子层	二级指标层	因子层	二级指标层
经济层面	i1 就业机会	文化层面	i15 传统语言文化的保存程度
	i2 家庭经济收入		i16 民俗节庆活动的参与度
社会层面	i3 居民生活质量	增权层面	i17 能否有效发表乡村旅游发展的意见
	i4 基础和配套设施		i18 能否有效参与乡村旅游的开发与发展规划和决策
	i5 公共产品		i19 能否有效参与乡村旅游的日常管理工作
	i6 知识技能培训机会		i20 利益分配的满意程度
	i7 对外交流机会	治理层面	i21 政策支持力度
环境层面	i8 村容村貌		i22 商业环境开放度
	i9 村民卫生习惯		i23 乡村旅游政策知晓度
	i10 生态环境保护意识		i24 公平享有发展机会程度
	i11 清洁能源利用程度	心理层面	i25 发展机会认知
	i12 垃圾及污水处理方式		i26 主动参与旅游服务供给意愿
文化层面	i13 邻里关系		i27 参与乡村旅游自信度
	i14 受教育水平		i28 乡村居民幸福指数

（一）经济层面

党的二十大报告提出，中国式现代化要“实现全体人民共同富裕”。经济富裕是乡村旅游长期发展的基础，也是一个重要的结果变量。乡村旅游供应链助农增收是其助力减贫的首要目标和体现，并对优化调整农业和农村产业结构具有重要意义。从农户微观层面来看，全体村民公平地参与到社会经济发展中，生活状况得到改善，是衡量乡村旅游在经济层面减贫成效的重要依据。因此，在经济层面，将就业机会、家庭经济收入作为衡量指标。

（二）社会层面

乡村旅游供应链减贫成效更强调对社会价值的关注，使其能够在更大程度上帮扶乡村弱势群体，注重减贫、环保、教育、社会使命、环境责任等可持续性社会价值与目标。通过知识与技能的培训，为村民进行能力赋能，采用多种方式方法提高本地村民的知识文化水平和就业、创业技能，提升社区社会资本，深入挖掘社区的内生发展动力，并与社区共同构建可持续的利益分配与共享机制。因此，选择居民生活质量、基础和配套设施（道路、饮水、通电）、公共产品（包括教育、住房、医疗）、知识技能培训机会、对外交流机会作为减贫的社会效应评价指标。

（三）环境层面

乡村旅游建立在生态文明建设的基础之上，良好的人居环境是乡村旅游发展的基础。环境脏、垃圾多、污水乱排等不仅影响农户的生活质量，同时也无法为旅游者提供良好的游憩环境。推进绿色发展、循环发展和低碳发展，是美丽乡村的必备条件。因此，将村容村貌、村民卫生习惯、生态环境保护意识、清洁能源利用程度、垃圾及污水处理方式作为评价环境层面减贫成效的指标。

（四）文化层面

扶危济贫、邻里守望等优秀文化会影响农户的精神层面，是振兴乡村的宝贵财富。农户的知识水平也会提高自我发展能力，有助于保持农户脱贫的稳定性，因此以邻里关系（农户的满意程度）、受教育水平、传统语言文化的保存程度、民俗节庆活动的参与度四个方面作为文化层面的减贫效应的评价依据。

（五）增权层面

当前，乡村旅游发展所带来的经济红利已帮助农户摆脱绝对贫困，未来，农户自我价值的实现与获得感或将成为农户继续参与旅游的关键。乡村旅游发展初期，由于贫困人口的经验、能力有限，在维护其主体地位的同时，政府、市场、社会等其他主体力量的积极指导与支持是必要的。如果农户一直缺少话语权而在发展中处于边缘状态，则往往难以保证获益的公平性和减贫成效的持久性，导致农户在乡村旅游发展中的主体地位遭到削弱，从而无法维护其根本权益。因此，选择能否有效发表乡村旅游发展的意见、能否有效参与乡村旅游的开发与发展规划和决策、能否有效参与乡村旅游的日常管理工作、利益分配的满意程度作为评价依据。

（六）治理层面

地方政府的政策规范和社区内部的非正式制度共同治理保障乡村旅游良性发展效应的持续。乡村外部，地方政府出台扶持鼓励政策和监督激励机制，引入与乡村资源相匹配的企业，吸引外来经营者，规范营商环境，成立专业合作组织探索多种创业模式、多样业态融合方式，以及更好的合作协调机制和更完善的利益分配制度，保障乡村旅游供应链各方利益相关者的合法权益，营造富有活力的乡村商业环境；乡村内部，社区成为基本上自我管理的实体，具有自助、赋权和自我责任的内在能力。通过内生性和赋权，既能够在乡村内部发展层面为本地村民能力和心理赋能，促使社区居民公平地享有共创共建机会，又能够在社区层面上支持村民自治，提升组织内外部的社会资本，加强联系和互惠合作，缩小本地村民与外来投资者之间的收入差距与心理距离，保证本地居民、非本地居民和员工和谐相处，为共同目标而奋斗。因此，以政策支持力度、商业环境开放度、乡村旅游政策知晓度、公平享有发展机会程度作为治理层面的减贫效应的评价指标。

（七）心理层面

通过与外界广泛的文化互动和发展机会认知形成良好的社区氛围，有利于本地村民的自信心与主动性提升，从而实现心理赋能，激发村民的主人翁精神，提升自我效能感，促进村民在个体知识、文化、素养层面的发展进步。同时，也增强村民参与乡村旅游供应链的意愿，增强旅游产业发展的动力、活力与竞争力。因此，以发展机会认知、主动参与旅游服务供给意愿、参与乡村旅游自信度、乡村居民幸福指数四个方面作为村民心理层面的减贫效应评价依据。

第六章 城乡共建旅游供应链智能生态网络平台

在市场环境不确定性特征日益加剧和现代信息技术日新月异的复杂情境下，旅游者个性化、多样化、碎片化的需求对旅游供应链的供给提出了更加严峻的挑战。本章将供应链理论嵌入旅游发展，通过将“游云南”APP作为参照对象进行访谈研究，了解旅游者潜在需求，在此基础上提出了旅游供应链智能生态网络概念，初步尝试构建城乡共建的智能生态网络平台，敏捷响应旅游者需求，并分析了智能生态网络平台的运作、供给机理和维持机制，对旅游供应链的研究和敏捷供给的实现分别具有理论和实践意义。

第一节 旅游供应链亟须数智化转型

一、旅游供应链的研究缺口

Justin 等将环境视为多维度结构，将多位学者的对环境的观点概括为动态性(Dynamism)、复杂性(Complexity)、挑战性(Hostility)三个维度的特征[181]。随着当今经济的飞速发展与信息技术的日新月异，竞争和不确定因素使以上市场环境特征日益加剧，企业以前凭借优势独特资源所积累的竞争优势正在被飞速迭代的技术创新所侵蚀。

在现有不多的智慧旅游供应链文献中，廖维俊和何有世提出了全域旅游视角下智慧旅游供应链的协同发展机制[182]；俞飞、徐阳阳等构建了智慧旅游背景下旅游供应链概念模型[183]；林炜铃、朱艳萍从硬件要素、软件要素、功能要素的应用方面，探讨了“互联网＋”时代旅游景区的供应链智慧模式[184]，发现多数文献思路是将数字化、智能化技术，如大数据、云计算、物联网、人工智能、5G信息技术等，植入旅游供应链各个主体，增强导游、导览、导购、导航功能，仅仅使旅游看起来“高大上”或是提高信息效率，而非出于对旅游者需求痛点的细致洞察和柔性满足，也非基于供应链各方和外部资源的高效整合与重新配置以寻求创造性的旅游组织方式，缺乏对旅游供应链本质进步的思考和推进。

从实践上看，“游云南”APP是2018年云南省政府联合腾讯公司打造的国内第一个省级全域旅游智慧化平台，平台依托多项科技信息技术，提供直播展示、语音讲解、在线导游、路线推荐、监测预警、运营管理、线上退货等服务，致力于赋能云南旅游。但整体看来却推广度不足、吸客力不强，究其原因，主要在于未打破以景区功能为核心的传统思维，服务内容模块分立，割裂了餐饮、住宿、商业、娱乐等旅游全链条企业共存共生关系，缺乏功能间“无缝式”互联互通，导致旅游者使用存在“孤岛感”，缺乏选择决心和忠诚度，成为全国性的旅游平台面临机理缺陷。

在旅游领域，旅游产品类目越来越多，旅游市场竞争愈发加剧，消费者对旅游需求的响应期望及对旅游产品和服务的期望日益多元化和时尚化等，单个企业早已不足以应付复杂不确定的环境，个体之争演变为旅游供应链和供应链之间的竞争。现有旅游供应链企业“多、散、弱、小”局面改变乏力，旅行社传统核心地位式微，新的供应链核心企业尚未形成，旅游企业无核而战，缺乏凝聚力与竞争力。在散客成为旅游主要人群的散客化时代，自由行的旅游体验由于信息不对称和人力处理数据能力的有限性，让大量的时间和费用消耗带来旅游者的低效用感；旅游供应链对旅游者需求响应不及时或不能有效供给旅游产品/服务，也会严重影响旅游者旅游体验感和满意度，削弱其旅游意愿。旅游业转型铺天盖地的转型口号背后，如何“转”，往哪儿“转”，怎么“转”等问题仍然令人迷惘。

在供应链领域，缺乏系统性的理论框架和正式化的逻辑表述大大限制了供应链理论在旅游中的研究和应用[185]，已有研究中，对于旅游供应链与旅游者需求敏捷供给之间的实现机理尚缺乏深入探索，对旅游供应链的动力来源——旅游者的需求敏捷供给与柔性化满足考虑不足，很大程度上制约着旅游者的获得感和幸福感，影响着旅游业未来发展的主流理念和方向。

借助现代化信息技术和网络平台，旅游供应链分销渠道多样，旅游者可以借助旅游运营商/批发商(Tour Operators)、在线旅游平台OTA(Online Tourism Agency)，也可以直接向旅游供应商购买旅游产品，或利用VR技术远程虚拟旅游，形成了虚拟旅游供应链。在市场环境高度不确定和旅游者需求动态多变的情境下，虚拟旅游供应链的出现使敏捷供给具备了实现前提。然而，旅游供应链如何及时调整内外部资源配置，快速研判、建构新的动态能力，迅速响应外部需求，实现对旅游者需求的智能敏捷供给，在旅游业实践中却举步维艰，供应链思维难以与旅游业思维碰撞交融，面临理论范式“搁浅”的困境。已有供应链敏捷性研究多从信息技术应用、供应链及其动态能力、响应速度等视角展开[186]；智能化整合旅游供应链研究较少[187]，多基于政府和景区视角，内容集中于概念探讨和系统建设[188-190]，对旅游供应链的虚拟特征认识不足，对“智慧”“智能”的理解还停留在多功能叠加的低阶阶段，对其实现机理也仅简单构建模型，缺乏技术性描述和供应链思维的深度融合；从智能化生态网络视角改进旅游供应链敏捷供给的研究更为鲜见。

面对现有供应链研究的理论缺口和旅游业紧迫的痛点问题，旅游供应链必须更加关注顾客需求驱动以及供应链上各类资源与服务的协调与整合，构建完善的信息平台体系对此至关重要[191]。本书将供应链理论嵌入旅游发展研究，依托经济学、管理学、信息学知识，以“游云南”APP为参照对象，通过访谈直面感知和佐证旅游者潜在需求，从动态能力视角提出旅游供应链敏捷供给的理论基础与实现机理，首次提出旅游供应链智能生态网络概念，并初步尝试构建智能生态网络平台模型以响应旅游者需求，为旅游供应链的进一步深入研究和高质量旅游目标的实现提供切入视角和分析思路。

二、文献回顾与理论框架

（一）供应链敏捷供给

供应链敏捷供给研究缘于制造业的精益制造理念[192]，早期关注核心主要是生产商杜绝浪费、节约成本的内视性视角，受传统信息化水平的制约，难以将消费者快速响应的需求纳入供应链体系。之后，随着消费者个性化需求复归与信息技术的进步，对消费者的重视程度逐级递进，从视消费者为供应链企业绩效重要影响因素发展为消费者需求导向[193]，再到以消费者为中心[194]，直至当今在激烈的竞争环境下，突破企业边界的供应链协作，对多样化客户端需求的瞬时响应成为供应链的首要任务，由用户驱动生产的C2M(Customer-to-Manufacturer，用户直连制造)反向生产模式成为供应链核心驱动力。

Ismail和Sharifi将供应链敏捷性(Agility)定义为企业为应对高度动荡性和不确定性环境，与供应链上游主要供应商和供应链下游客户一起形成的快速适应或应对市场变化的能力[195]；Naylor等指出，敏捷性是在动荡的市场环境下，组织利用市场知识和虚拟企业获取盈利机会的能力[196]；Lucas和Olson认为，敏捷性包括两个方面，一是敏锐感知外部环境变化的能力，二是对外部环境迅速反应的能力[197]。面对市场波动大、经济冲击猛、技术快速革新、自然灾害频发等环境，国内外学者将供应链敏捷性视为匹配外部环境不确定性的推进器，如冯长利、张明月等研究供应链知识共享与企业绩效关系时，探讨了供应链敏捷性的中介作用[198]；孙新波、钱雨等基于动态能力理论，发现大数据的应用有利于提升企业供应链敏捷性，并对其实现机理进行了探索[199]。不过供应链敏捷性的研究很少涉足旅游领域，在敏捷响应成为旅游者出行决策、游中体验和满意度评价关键因素的今天，留下一个研究空白，为本书提供了研究机会。

（二）动态能力理论

动态能力理论是20世纪90年代，在市场环境日益动态、技术创新加速、顾客需求越来越多样化造成竞争优势可保持性越来越低的背景下提出的，这一理论强调企业对资源的持续整合、构建和重构[200]，认为企业只有创新和开拓性地获得新知识、新能力，才能在动态、复杂、不确定的环境下获得持续竞争优势。Eisenhardt和Martin将动态能力具象化为具体的、可辨识的战略（或组织）过程[201]；Winter视动态能力为企业拓展和改造常规能力的能力[202]。学者们对动态能力的构成维度大概可归纳为：基于需求的动态能力，认为需求识别能力与需求响应能力是构建企业竞争优势的关键[203]；基于流程的动态能力，流程重新排序和模块化满足大规模柔性定制[204]；基于网络的动态能力，通过与企业外部参与主体协同共建平台生态系统，多方交互整合和利用企业资源。

旅游供应链敏捷供给关系与动态能力密不可分。动态能力要求旅游企业迅速感知和快速响应旅游者需求，赋予企业内部运作流程与外部协同的敏捷性，是实现敏捷供给的关键。供应链敏捷供给本质上是一种动态能力，也是动态能力作用的结果，能更好地满足、创造和引领市场需求，增强旅游供应链可控性，抵御外部风险。

综上，学者们对旅游供应链敏捷性的主题涉足尚少，缺乏明确的理论指导，对旅游供应链敏捷性的实现机理的研究鲜见，缺乏情境嵌入性研究。因此，本书将供应链敏捷供给作为结果变量，以“游云南”APP为案例研究对象，采用访谈法了解C2M下旅游者的真正需求，通过构建智能生态网络平台实现旅游敏捷供给，响应旅游者需求，并从动态能力的视角探讨供应链敏捷性实现的过程机理。

第二节 需求发现：“游云南”APP的案例研究

本书选择案例研究方法的原因在于：探索虚拟旅游供应链如何实现敏捷供给属于“How”类型的问题，案例研究对于解决此类问题有一定的适用性[205]；目前对于虚拟旅游供应链的实证和案例研究都较少，智能生态网络构建仅仅处于本书首次理论提出阶段，尚未有实践落地，探索性案例研究适用于新理论框架的构建或已有理论较少的研究主题；案例研究能帮助理论框架的具象化呈现，能生动地解释现象特征，并在现有实践基础上总结改进，提炼理论框架，拓展现有理论。

一、案例概况

“游云南”（又称“一部手机游云南”）APP是2018年云南省政府联合腾讯公司打

造的国内第一个省级全域旅游智慧化平台。“游云南”APP依托物联网、云计算、大数据、人工智能、人脸识别、小程序、腾讯云、微信支付等多项信息技术，提供在线导游、路线推荐、直播展示、语音讲解、监测预警、运营监管、智慧厕所等服务。此后，科技元素赋能不断，在线退货、刷脸入园、AI识景、噪声监测、安防建设、实时救助、一键投诉等推动智慧化程度日臻完善，给游客提供游前、游中、游后的全过程服务。

二、研究方法

本书采用质性研究方法，在自然状态下采用半结构式访谈法与受访者进行交流，了解受访者对智慧旅游供应链网络平台的敏捷性需求、真实感受和效用期待。除正式访谈外，还借助其他渠道，丰富案例的相关资料信息。

(1) 二手资料。如旅游手册、宣传视频、报纸和互联网记载报道。

(2) 亲身体验。下载安装“游云南”APP，了解其平台介绍、功能结构、运作流程，并在旅游中亲身使用，获取一手直观体验。

(3) 现场观察。观察云南景点景区内的旅游者手机智能旅游软件使用情况，对访谈内容进行检验。

三、数据来源

2021年5月至8月，项目组与101位18～70岁来自云南省内外的旅游者围绕以下问题进行了交流。

(1) 您听说过“游云南”APP吗？您安装了“游云南”APP吗？

(2) 如果使用，您认为其对您最大的吸引力是什么？如果不使用，原因是什么？

(3) 您在旅游行程中，最大的烦恼是什么？您期待这样的智能旅游软件可以做到什么？

项目组将受访者分为三类。

(1) 近年来未到过云南的外省人(编码A，35人)。

(2) 2018年(“游云南”APP开发年份)以来曾到访云南的外省游客(编码B，34人)。

(3) 云南本地常住居民(编码C，32人)。

项目组针对前几组问题视受访者答案情况展开半结构访谈，无论哪组最后两个问题为必问项。访谈在自然情境下展开，氛围轻松愉快，受访者配合度高，没有猜度访谈目的，避免了内隐性偏差，保证了数据较高的信度。此外，为保证样本数据效度，邀请了一些有旅游专业背景的受访者参加，为了更好地激发发散性创新思维，小部分访谈采用了小组头脑风暴法。

研究最终获取有效数据83份，其中，18～30岁有37人、31～50岁有39人、

50～70 岁有 7 人,基本符合旅游者人口结构;职业包括学生、教师、农民、企业职员、事业单位员工、公务员、自由职业者、导游、出租司机、退休职工,有较广的行业覆盖面。

四、分析结果

数据分析上,本书采用手工编码和计算机辅助编码两种方式。手工方式是因为样本量规模不大,课题组熟悉数据内容,主题印象明晰、易于操作,并且有利于后期结论的梳理与总结,具体操作为一位研究者对访谈记录进行研读,并进行编码分析;计算机采用 NVivo 软件辅助编码,之后与人工分析结果进行交叉检验,与其他资料共同形成三方验证。最后比较结果,发现双方的编码一致性达到 95%,表明该研究的内容分析效度很高。

数据分析形成 146 个概念化词句,得出“心理态度、安装成本、操作简易、一站式集成、个性化、柔性定制、轻松化、低成本、简洁性、快速响应、无缝衔接、真实性、准确性、诚信度”14 个副范畴,“安装障碍、易用性、有用性、便捷性、精准性”5 个主范畴(见表 6-1)。总体看来,“快、精准、线路与信息集成、个性化与柔性、一站式、有用与易用”等高频词,供应链响应速度和响应能力越来越受消费者重视,功能智能集成和个性化柔性定制呼声越来越高,消费者对旅游供应链及其动态能力提出更高期待和要求。

表 6-1　数据分析结果

主范畴	副范畴	原始代表性语句(概念)
安装障碍	心理态度	A-03　我个人在平台的下载这块儿会有些犹豫,除非是我需要到那个地方去了,我可能才会下载 C-10　偶尔听一个旅游局的朋友提到,知道这个 APP,但也没有听身边的人说起过这个 APP,所以就不太了解它能做些什么,能提供什么服务,没有想去下载它的欲望 A-22　我们这一代人虽然也用智能手机,但很多东西操作不来,学起来也很慢,不想太麻烦
	安装成本	B-12　如果不能什么都帮我安排好,那就跟其他平台没什么区别,我还不如用之前熟悉的,还有会员、积分这些 A-18　现在很多平台有一个很大的一个问题,就是你要去下载这个 APP,还要动辄获取你的定位信息,要你的通讯录,让人反感 C-03　我喜欢周边游,习惯用百度地图,周围有吸引力的重要资源可以全部直观呈现,不需要像其他平台按食住行的功能分类一个一个点击进入,觉得挺好,没有特殊情况不愿意换

续表

主范畴	副范畴	原始代表性语句（概念）
易用性	操作简易	A-05　平台使用这块儿要一目了然，各种年龄段都方便操作 B-07　我喜欢旅游，智能软件如果做得强大，安装使用方便，我是愿意接受的，只是毕竟操作没有年轻人利索，可能你们觉得简单到不能再简单的，我们都要摸索半天。如果能有人专门帮助安装和讲解使用，会大大增加对我们的吸引力
	一站式集成	A-08　各种信息整合度高，门票、酒店预订、交通信息、购物娱乐一站式服务，帮大众解决(省了)时间、省力，我这周末出去上海周边溜达，找酒店都找半天，携程找酒店都有很多选项需要自己选，搞半天。如果有一键式服务能找到自己需要的最好 A-11　各种选择，挑来挑去费时费神，说白了，就是需要一条龙服务！定制推出几条现成的线路，吃住游都有的，这样比较省心
	个性化	C-09　针对每个人所需定制好条件，比如酒店房间喜好、用餐习惯什么的 A-10　我现在都是带小孩出行，更多地考虑亲子，谁能更符合我的这点需要，我就选谁
有用性	柔性定制	B-21　比如我想去西藏玩，不熟悉交通，不知道最佳路线，希望有智能软件可以按照我自己的情况规划最佳自由行路线，不是千篇一律的那种
	轻松化	B-08　旅游中希望可以迅速地去了解旅游地的情况，又不想去做很多的攻略，就是说最好有一个APP能够让我一劳永逸，能让我能够很快地知道在当地我要怎么玩、怎么吃、怎么做，一看就立马能够明白
	低成本	B-14　我们从四川过来，到昆明和西双版纳去玩，从一个景点到另一个景点到交通该怎么去，我们开始不知道，有时候就打车，但是费用比较高，后来才知道西双版纳各个景点有景区直通车，有的会有大巴或者公交车，这样就能节省不少。交通、小吃、住宿有哪些可选，价格多少，APP里可以列出来，游客省钱省心

续表

主范畴	副范畴	原始代表性语句（概念）
便捷性	简洁性	C-06　现在出去玩看攻略要花很多时间，所以就希望有一个简单一些的，要简洁，太多了懒得看，又纠结怎么选择，能把当地值得去玩的东西都玩到，那就差不多了
	快速响应	B-03　印象最深刻的是退货方便，我师姐在云南买的东西过期了，找了好几个平台都没有退货成功，通过“游云南”平台，上午发起，下午就处理了，很有效率 B-19　热点旅游景点节假日拥堵严重，排队时间太长，希望智能平台可以智能预测人流，提前安排错峰入园，进入后根据人流量规划游玩路线，游乐项目可以监测排队人数，不需要排太久
	无缝衔接	A-28　现在出去拖家带口的，老的、小的，无论是交通中转还是景点景区内，走路一累，很多地方去不了。如果外部租车和景区短驳车无缝对接起来，会让我大大增加出游(欲望) B-19　希望长途交通与短途租车之间可以无缝衔接，比如在智能软件帮助下提前在目的地租车，高铁下车后就能够直接就近取车，开启旅行模式
精准性	真实性	A-01　信息制造者的发布意图、传播渠道、影响范围各不相同，信息质量千差万别，验证困难，加之某些网络旅游渠道商为了自身利益最大化，有意隐瞒或伪造信息，加重了网络旅游信息的失真，严重干扰了旅游者的出游决策、旅行过程及旅游体验
	准确性	B-10　上次我和舍友一起去大理旅游，找厕所找了好久，导航一直导着在附近打转，最后还是问了路人才找到，急死人 C-3　监督景点提供真实信息，不要为了吸引游客故意夸大事实，把小河沟说成大黄河之类，像我上次去我们本地一个景点经历的那样
	诚信度	B-23　出去玩最怕被坑，各种套路。前一段我们去丽江蓝月谷，一群人团伙分工，花言巧语让我们从他们那里买票，结果门票便宜了 5 块钱，车费被坑了几十块 A-33　我最怕被坑，旅游好像冒险，每做一个决定结果都不确定，每走一步都有坑，没有孙悟空的火眼金睛，再小心翼翼也总会踩雷，真是心累

第三节　需求响应:虚拟旅游供应链智能生态网络平台

一、虚拟旅游供应链的动态能力

借鉴上述理论框架中学者们对动态能力维度的归纳,依照"点—块—链—圈"的逻辑结构,虚拟旅游供应链具备流程再造、大规模柔性定制、面向旅游者的产品集成、智能化协同共创等动态能力,为实现旅游供应链敏捷供给提供赋能(Enabling)条件。在此过程中,旅游供应链通过创新学习,深入整合、重构资源,不断动态演化,实现旅游者需求快速满足与自身价值增值。

(一) 流程再造

流程再造一方面强调审视原有流程,找出并消除原有流程中的冗余步骤或不增值环节,进而提高运营绩效;另一方面倡导流程创新,利用高度灵活的流程单元和信息集成,为每一位有个性化需求的旅游者单独设计产品或提供服务,带来与传统旅游不一样的体验[206]。专业分工高度细化是旅游供应链流程再造的前提,通过深化分工改变供应链成员节点数量与结构关系,企业聚焦自身的核心竞争力而将非增值业务外包,如酒店将安保业务、洗洁业务外包,而承包商又需要材料、资源、技术等资源的采购,如此一个企业的投入成为另一个企业的产出,形成轻资产运营模式下的价值链增值。各供应链参与企业都是一个独立节点,结构无须遵循线性分布,物理和虚拟空间均呈"散点状"分布。

(二) 大规模柔性定制

利用基于大数据的管理域信息技术促进企业服务流程创新与客户体验创新。旅游供应链每个功能分区由一个个"模块",即松散的平行企业组合而成,每个模块规模不等、各具特色、资源能力各异,以良好的灵活性和柔性对应旅游者需求的差异性与多样性,并具有适应外部环境变化的组合柔性。模块之间采用的是分布式协同结构,主体平等、独立经营、协作共享,模块化越丰富,可实现的自由组合度就越高,越能够提供新颖柔性的解决方案,洞察和满足旅游者需求的能力就越强。

(三) 面向旅游者的产品集成

收到旅游者需求订单后,供应链围绕"一个订单流"进行任务分配,在资金、信息、物流的快速流动下,按资源需求从旅游供应商、集成商、辅助商拣选模块,集成生产出订单“单链”。产品集成完全围绕旅游者需求与偏好，由旅游资源属性、地理区位便捷程度、供应商服务与信誉等客观因素决定。供应链平台仅提供智慧消费路径与方法，无任何主观因素干预，避免了消费不公平现象。“单链”一旦集成，则视为所有参与者契约达成，以保证供应链响应效率，并将交易费用降低带来的成本下降以优惠消费机制让渡给旅游者，提高供应链吸引力和消费者价值增值。

（四）智能化协同共创

虚拟旅游供应链上旅游企业、员工、旅游供应商和合作伙伴组织以服务旅游者为中心的一致性的合作能力，突破旅游企业地理位置的限制，消除物理上的团队组合，忽略规模大小，强调目标一致性和资源互补性，通过动态联盟等超组织方式围绕订单短时间内形成和解体，形成无数短时间聚合与解构的虚拟“圈”，具备快速重构与调整的动态能力，圈层内存在更频繁、开放的信息共享以及更高水平的管理互动，彼此了解对方的增值贡献，建立信任关系，将不同领域的其他企业更多地视为资源共享或知识学习的合作伙伴而非竞争对手。

二、智能生态网络平台构建

Moore在《哈佛商业评论》上提出的商业生态系统（Business Ecosystem）理念[207]，结合生态学理论，将商业生态视为由消费者、供应商、生产者、风险承担者及政府等围绕一项新的变革共同进化的有机经济联合体，强调多组织、跨行业的系统构成与多主体间的共同进化。借鉴此理念，本书尝试将动态能力进一步拓展至价值生态网，提出虚拟旅游供应链的智能生态网络概念，从旅游者需求出发，到旅游者需求被满足，形成景点景区、交通出行、定位导航、票务、导游导览、周边、地方餐饮、娱乐购物等多种涉旅企业参与、多样化旅游资源依托、多种要素流动、多组织互动共建的闭环价值生态网络。价值生态网络以旅游者特征与需求为驱动力，将旅游者价值追求（如最佳性价比、休闲放松、最便捷、亲子教育等）与旅游资源要素双向拟合，构成能量流动和物质循环相统一的有机整体，为旅游者量身定制“一单一策”的一站式智慧旅游方案。

（一）智能生态网络平台构建

虚拟旅游供应链智能生态网络平台是由旅游者、旅游供应商、旅游中间商、旅游辅助商在内的供应链主体，在现代化信息技术支撑和C2M需求驱动下，以流程再造、大规模柔性定制、面向旅游者的产品集成、智能化协同共创能力快速整合企业内外部资源，动态集成所有供应链流程，敏捷满足旅游个性化需求的智能网络和互联结构。智能生态网络平台将旅游者、企业员工、景点景区、餐饮住宿、娱乐购物等全要素旅游供应商和运营商，相关企业、行业协会、政府管理、公共服务、社交、媒体、通信置于同一兼容性、全周期、一站式数字化平台，跨链条、跨部门、跨区域展开广泛合作，打通 O2O 多场景客户需求感知、线上交易、采购、上游辅助商定制化设计、柔性供给、生产配送、售后服务全过程(见图 6-1)。智能生态系统网络所有参与者之间通过数据共享彼此互联互通，协同化运作，取长补短，共同进化，做到由“资源共享”走向“价值共创”和“利润共享”。

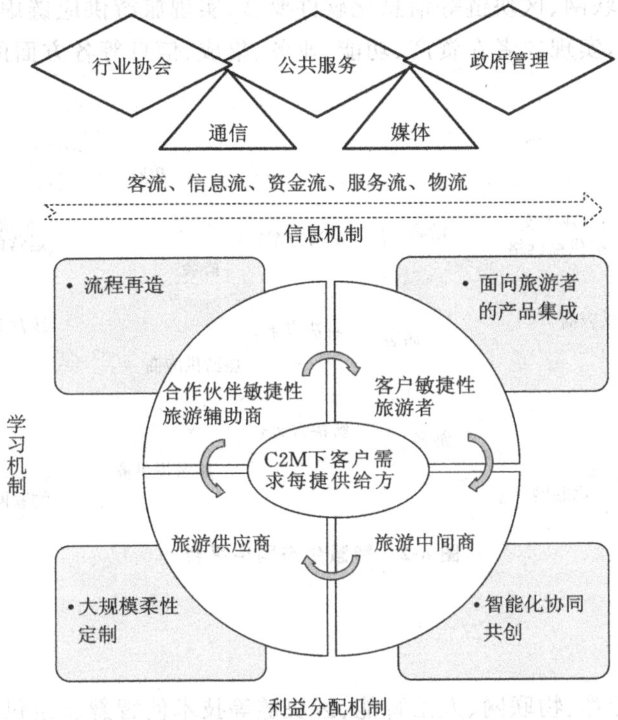

图 6-1　虚拟旅游供应链智能生态网络平台

智能生态网络平台为旅游者提供“一单一策”的智慧旅游综合方案和行程中实时管家服务，是与现有智慧旅游研究的本质区别，即旅游者只需明确自己的价值追求，就能获得量身定做的智慧方案，而无须逐一选、定“食、住、行、游、购、娱，商、养、学、闲、情、奇”各环节中的每一细节，大大降低旅游者平台使用烦琐感和转换成本，消除事前决策时心理负担，促进旅游决策行为。旅游过程中从各种烦琐事务中解脱出来，旅游者更专注于享受供应链敏捷供给带来的轻松愉悦的旅游本质，旅游事后更好地评价与分享，强化旅游正向感知和信息传递。

（二）智能生态网络平台构成

1. 平台硬件

智能生态网络平台通过移动通信、光纤接入覆盖、无线网络覆盖、用户带宽等基础网络、手机客户端，大数据、物联网、云服务应用平台和网站平台，GIS 可视化的系统联动管理后台，为智慧旅游供应链生态网络平台提供硬件基础和大数据、云计算、互联网、物联网、区块链等信息化软件要素，实现旅游供应链虚拟世界和物理世界的相互映射，实现二者在资产、功能、业务、集成、信息等各方面的镜面映射（见图 6-2）。

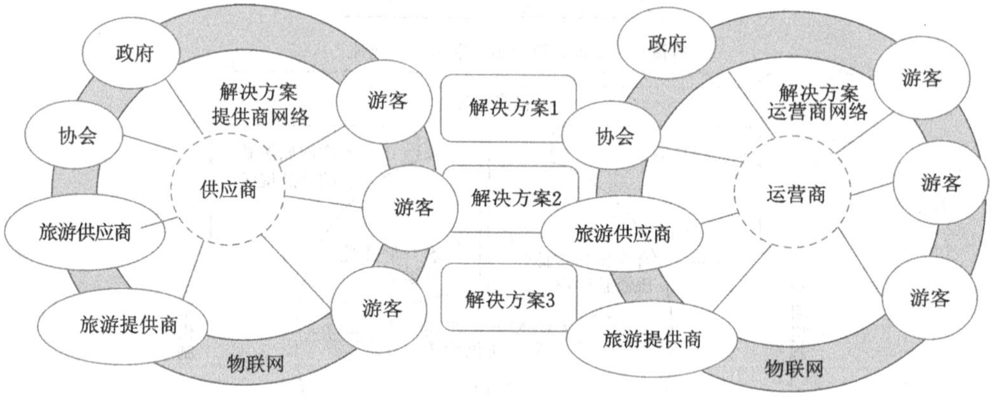

图 6-2　智慧生态网络平台

2. 平台技术

大数据、云计算、物联网、人工智能、区块链等技术使智慧旅游供应链生态网络平台得以构建和运营。大数据是网络平台的核心，为平台和旅游供应链企业成员之间物流、信息流、资金流、商流的融合提供信息基础，并通过互联网实现信息快速传递与共享；云计算对海量数据进行高效存储与处理，如实时获取、语义分析、模糊识别、统计建模、分析预测等，获得有效信息，拟合最优决策；物联网凭借强大的对象记忆和物物智联的能力，联通人（旅游者）、地（旅游地）、景（旅游场景），实现旅游线上线下融合，方便客户终端服务；人工智能致力于供应链企业各环节的智能化改造，将人工智能和自动化技术融入日常，重塑工作方式，如智能体温监测，人流量自动监控与疏导，无接触售票、餐饮、住宿，线上营销，景区智慧服务等；区块链保障供应链企业各种信息透明化，帮助企业建立诚信经营体系。各种技术融合式嵌入帮助旅游供应链成员实现共同价值创造。

（三）智能生态网络平台运作

根据 Lucas 和 Olson 对供应链敏捷性的两种能力分类[197]，智能生态网络平台运作可分为旅游者需求感知和旅游者需求响应两个维度。

1. 旅游者需求感知

采用手机移动端 APP、双微、小程序嵌入社交软件等简易入口，依据 TAM 感知有用性和感知易用性理论[208]，创立符合旅游者习惯的移动互联的产品交互平台，提高旅游者使用意愿（见图 6-3）。

利用分销商数据、POS（销售终端）、地理位置、社交网络、传感器工具及时获取顾客心理偏好或个性化行为所产生的海量多样化大数据，深入挖掘精准化、全方位、具有代表性的旅游者个人色彩的数据，获得兼具顾客数据与自主智能研发数据库，以云计算、大数据技术自由匹配数据，满足每一个旅游者的需求。应用分析软件、数据挖掘软件、互联网技术追踪供应链上实时发生的事件和流程，全景式洞察旅游者需求；利用蚁群算法、粒子群优化算法等群体智能算法预测旅游者需求趋势，为产品和服务的前瞻性研发提供精准支持；利用数字孪生技术提取和展示、推广业务信息，并通过知识学习将供应链伙伴和旅游者的数据转化为平台自身的知识成长能力。

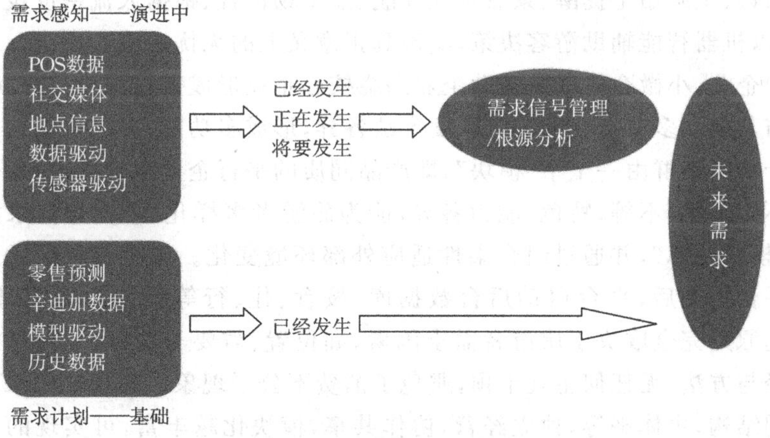

图 6-3　旅游者需求感知途径

O2O 全渠道融合的方式为消费者提供最佳体验。线上平台提供 PC 端、MAC、iPad、移动端 APP、小程序嵌入社交平台等多种入口，保证简单易用，减少内存占用，打造符合旅游者习惯的桌面互联和移动互联的产品交互体验。线下可布局数字化门店、体验店，为旅游者提供专业化咨询、线路设计、产品组合、虚拟旅游体验等多样化服务，并进一步获得兼具大规模、多样化旅游群体的大数据与精准化、全方位旅游者个人色彩的小数据，建立自有智能数据库，精准覆盖每一个旅游者，成功构建需求数据方面的竞争优势[209]。

2. 旅游者需求响应

客户订单是虚拟供应链的源动力，订单明确传递了客户的产品或服务需求和价值诉求。模块化组合设计是依照订单信息流传递的资源组合，围绕"一个订单流"并行"拣选"，从每个功能模块快速匹配出最符合旅游者订单需求的产品基础模块，按照整体最优原则建立链接，形成集成供给方案。旅游者确定最终服务方案后，各个基础模块迅速作业，并行完成自己承担的需求部分。BOM（物料清单）是订单响应过程中衔接客户端和生产端的核心数据库，流程中旅游集成商可根据订单需求进一步向供应链上游进行采购，BOM 数据库一层一层逆向传递至旅游供应商、提供商直至生产制造的第二产业或原材料供给源头的第一产业，各层级及时、准确地完成采购计划和生产计划。生产完成后，又按照供应链正向运输配送，传递到供应商手中，或者在采购无法完成时对供给方案提出替代性调整方案，与旅游者协商确认后重新开启供应链流程。待旅游者行程开启后，平台按照行程顺序和旅游者实时进度一步步呈现服务方案，如到达目的地后前往酒店路线、就餐建议、智慧票务预订、旅游贴士提醒、景点景区导航、停车场位置、根据人流密度设计园区内路线等，以机器智能辅助游客决策，实现真正意义上的无忧之旅。

大中企业、小微企业以及辅助企业围绕核心企业形成散点聚类分布状集合，核心企业与其他众多节点企业的关联度亲疏各异，形成多功能、多层次结构的产业集群。每个功能集群由一个个"模块"，即产品同质的平行企业组合而成，每个模块资源基础不同，规模不等，特色、能力各异，能为旅游者多样化、个性化需求满足提供丰富的"模块仓库"，并通过组合柔性适应外部环境变化。旅游者意向通过智能生态网络平台提交后，平台启动后台数据库，按食、住、行等不同功能同时拣选"模块"，拣选原则完全取决于旅游者需求因素，如位置、需要与偏好，平台仅提供智慧消费路径与方法，无任何主观干预，避免了消费不公平现象。模块之间采用的是分布式协同结构，主体平等，独立经营，协作共享，模块化越丰富，可实现的自由组合度越高，越能够提供新颖柔性的解决方案，洞察和满足旅游者需求的能力就越强。最后根据旅游者偏好满足的侧重点不同，将模块组合拼接成 2～5 个可供选择的方案，旅游者只需选择方案，勾选最佳方案，即可确认下单。平台具备快速重构与调整的动态能力，消费者如果有不满意之处，则可进一步调整细节，直至最终满意。

三、智能生态网络平台敏捷供给机理

下文结合虚拟旅游供应链的动态能力，遵循敏捷供给“信息获取—环节过程—方法路径”的实现逻辑，从客户敏捷性、合作伙伴敏捷性和流程敏捷性三个方面，解释智能生态网络平台的敏捷供给机理。

（一）客户敏捷性

包括客户需求感知敏捷性和客户需求满足敏捷性的客户敏捷性已经成为影响消费选择的关键指标。市场的频繁波动、越来越追求个性化的客户、缩短的产品生命周期要求企业能够预见变化，并对管理机遇和风险进行敏捷的判断，适时调整资源配置。智能生态网络平台上，多场景感知技术和大数据样本容量与智能个性化数据库即时绑定、实时更新、随时间呈指数级增长，信息和知识来源越来越广，价值挖掘效率和知识成长速度越来越快，大幅提升了对旅游者需求的捕捉速度。订单产生后，不同模块按照需求获取迅速柔性组合，大大简化了传统旅游企业消化客户需求并寻找产品解决方案的迭代过程，变被动等待订单到主动感知客户需求，变逐级传递集中式产品供给到分布式增强型模块化瞬时组合。旅游者售前、售中和售后中出现的任何需求，都可以与相关企业实现数字化互联，获得快捷的、完整的、端到端的旅游服务体验，提高旅游者购买响应时间和产品供给时效，强化动态能力，实现供应链敏捷供给。

（二）合作伙伴敏捷性

旅游供应链上、下游合作商及时进行知识交流、信息共享、协调决策、应急处理，打通一切互联网“孤岛”，做到旅游虚拟供应链各环节的“无缝对接”，实现网络协同、安排客户、外包制造运作和供应商履行的并行运作，移除供应链中经常出现的组织边界上的延迟问题及其他可能出现的问题。充分掌握旅游者需求信息和先进技术，应用供应链协同快速更新或设计新产品，不断完善合作模式，优化供需网络，加快敏捷能力和动态适应性，积极应对市场环境变化与旅游者偏好的多元化。此外，给予中小微企业以较低的交易费用成本加入智能生态网络平台的机会，与其他旅游供应链参与者共同提供旅游产品开发、生产、配送服务，同步供应链协同，保证旅游供应链产品的多时空可得性、多元化与异质性，满足分散化、动态化、碎片化的旅游者需求。

（三）流程敏捷性

关键流程的效率决定着供应链的敏捷程度。虚拟旅游供应链智能生态网络平台突破了以旅游功能为流程主线的传统思维，把旅游者需求作为驱动力，以模块化运作实现流程重构和再造。流程的数据化、模块化运作，能够激发旅游者与平台、企业与企业、企业内部员工等众多主体之间积极高效地交流沟通、信息共享、部门协作，有助于匹配出与旅游者偏好高度契合的旅游产品，面对市场变化和不确定性可迅速调整方案，使旅游供应链更具柔性、弹性和敏捷性。

四、智能生态网络平台维持机制

（一）信息机制

大数据、云计算、互联网、物联网、区块链等信息化技术的发展使智能生态网络平台能够构建和运营。大数据在整个智能生态网络平台的运营中处于核心地位，既具象且快速地呈现旅游者多样化和个性化的需求，又保证内外部有效环境信息在平台内的实时畅快流动，是平台与旅游者高效共享互动的媒介，也是对资源的部署和利用的决策依据[210]；云计算将设计维度、属性、关键数字（KPI、计划值和实际值）、计算、场景计划和模拟等数据，并将整个方案建立在HANA的云平台上，便于平台快速实时调用，同时具备自动升级和维护功能；互联网可实现旅游供应链状态的高度透明，将大数据自动获取数据和事件带来的海量信息，通过互联网在供应链上迅速分享；物联网具备强大的数字化对象记忆和人机交互的能力，负责将旅游产品设计、生产、电子商务、物流和服务等各个环节连接起来，对人、产品、企业信息系统、机器和设备等要素和产品的整个生命周期进行全盘管理；区块链可以实现实时追踪利益供应链参与主体的商流、资金流、物流和信息流等信息，做到信息透明化，从心理源头切断供应链参与者投机心理与败德行为，建立诚信经营体系，有效解决传统供应链信息不对称的最大痛点。此外，实时感知、动态分析、管控决策、监控数据、远程控制、优化算法、流程可视等功能还可以帮助实现产品智能化自治和自学习，从而更好地适应环境和用户的喜好，保证动态能力的维持与增长。

（二）关系机制

学者们常选用交流、信任、氛围、适应性等维度衡量供应链关系质量。交流和信任是维系供应链合作的内部环境：交流是激发灵感，萌生新创意、新理念的有效源泉，是供应链运作过程中商榷方案、解决困难分歧、分享市场信息、传递知识经验等的必要环节；信任从心智契约的角度保障创新思想的流动，也是供应链伙伴相互合作及协调冲突的基础。氛围和适应性是维系供应链合作的外部环境：氛围是关系质量的表征，是供应链参与成员对合作关系和互动行为的良性预期和心理愉悦程度；适应性说明企业为满足旅游者需求和维持长期合作伙伴关系在不断调整自身状态，体现了为旅游供应链所做的努力。融洽的氛围和良好的适应性有助于培育合作协作伙伴信任和默契，推动知识挖掘、获取、扩散，以及创新创意的产生、成熟和转化。

（三）知识学习机制

Powell 等认为，对于一个复杂且动态发展的行业，并且其专业知识具有多元化来源渠道时，创新不会仅由单个企业完成，而是在一个关系密切、相互学习的知识共享网络中实现[211]。供应链企业间知识、信息共享可以促进企业间相互借鉴与学习，进而提高企业绩效[212]；供应链成员企业通过资源共享与学习，可以突破基础资源的制约，有利于促进企业的创新数量和质量；供应链各节点企业还可以通过知识共享从外部吸收异质性知识，提高企业间的知识优化水平和协调能力，提升供应链运作能力和决策水平，达到企业内部和外部资源与能力之间的融合共生，增强供应链的整体竞争优势。此外，虚拟旅游供应链智能生态网络平台未来将拥有智能学习能力，从类脑的研究和认知科学中汲取跨领域的知识图谱，具备数据记忆、因果推理、持续学习等类人的思维逻辑和认知增长，为旅游者提供更贴心、个性化、实时化的决策推荐。

（四）利益分配机制

追求自身利益的增加是各涉旅企业加入旅游供应链的根本动力，利益共赢是合作的前提和根本的保障。供应链合作可以给各个节点企业带来开发新产品、进入新市场、拓展新渠道、降低多方成本、提高工作效率和客户满意度等多方面利益，最终带来收益的增加。大数据、区块链技术保障下，供应链成员间建立利润与风险共担的激励相容约束机制，以价值贡献率公平分配资源，信息成本和交易风险下降，交易费用降低，保证质量最优化及各方利益最大化，同时为让渡旅游者价值提供了更大空间。不止如此，智能生态网络自身创新性的“技术、思维和模式”可以作为资源对外输出，将知识产权转化为收益。

五、结论与展望

（一）结论

面对不确定的市场环境和激烈的竞争态势，回归“以人为本”的旅游发展理念，多主体协作瞬时响应多样化客户端需求成为旅游供应链的首要任务，旅游者驱动旅游生产/服务的C2M模式成为旅游供应链的核心驱动力。通过“游云南”APP案例访谈发现，智能化、柔性化、响应速度和响应能力成为旅游者对旅游供应链的敏捷供给的首要需求。

面对当下旅游者群体的多样化、差异化体验和高质量服务标准需求，虚拟旅游供应链具备流程再造、大规模柔性定制、面向旅游者的产品集成、智能化协同共创等动态能力，为供应链敏捷供给实现提供条件。

为了更好地感知和响应旅游者需求，本书提出构建虚拟旅游供应链智能生态网络平台，利用虚拟旅游供应链动态能力，快速整合旅游供应商、旅游运营商、政府部门、相关企业、行业协会等企业内外部多样化、互补性资源，为旅游者提供个性化智慧旅游产品和服务，并实现供应链成员价值共创和利润共享。

供应链敏捷供给依赖旅游者敏捷性、合作伙伴敏捷性和流程敏捷性共同实现完成，只有构建好企业间的信息机制、关系机制、知识学习机制、利益分配机制等，才能形成强大的旅游供应链智能生态网络平台维持机制，为旅游供应链敏捷供给提供重要保障。

（二）展望

未来旅游供应链敏捷供给的研究可以但不囿于从如下主题深入探讨：旅游供应链边界问题；与政府、社区、行业协会等利益相关者的关系处理问题；供应链信息安全与监管问题；价值利益分配问题；供应链管理问题；等等。遵循以人为本原则，面向数字化未来，虚拟旅游供应链智能生态网络平台必将给旅游者带来更加美好的旅游体验。

第四节　关于旅行社转型的讨论

旅行社是传统意义上各种旅游服务的集成商和分销商，起着联结旅游各方的纽带作用，是传统旅游供应链的核心企业。旅行社作为旅游集成商，以团购方式获得采购价格优势，帮助旅游者解决客源地和目的地时空分割问题。辩证地看，一方面，旅行社产品组合通常具有高度常规性和重复性，缺乏柔性和灵活性，加之现代信息技术的普遍应用，逐步被追求个性化、自由化、自助化的现代旅游者所摒弃，旅行社历史优势受到严重冲击；另一方面，旅行社传统优势并不能完全被互联网取代[199]，旅游者体验最终需要线下服务才能落地和保障，特定消费者人群对旅行社仍具有较高的出游路径依赖。旅行社亟待转型，重新定义和构建其在旅游供应链结构中的地位和作用，重塑旅行社战略定位和动态能力。

必须看到，当今是以消费者为主导的时代，一切都在变化，旅行社不能不变。

旅游者对旅游出行整体过程的品质服务要求越来越高，希望出行全程均可享受到个性的理想式服务，传统的纵向一体化方式或者单个企业的独立运作已不能适应市场需求。“Z世代”(1995至2009年出生的一代，又称“网生代”“二次元世代”“数媒土著”等)逐渐成为旅游消费主力人群，旅行社需要思考如何响应这些新兴的供应链驱动群体。

第一，行程上，网生代喜欢“说走就走”的旅行，而不是把全部过程提前规划好，因此，旅行社在产品设计方面要预设更大的自由空间，将时间、空间、事件等各个维度串联起来，讲好目的地故事；产品研发也需要更精细化，不再是一个产品卖给所有人，而是根据每个人的个性化需求进行模块化定制。

第二，营销上，新客群获取信息的途径是小红书、抖音等新兴信息平台，所以旅行社营销方式也要顺势而变，学会进驻短视频平台，获取、运营私域流量。

第三，在产品上，传统、经典的旅游目的地虽必不可少，但必须增加诸如网红打卡地等“潮”元素，集成与融合观光游、休闲度假、体验沉浸各种产品。

第四，要素上，传统的车队、酒店、导游等供应链要素需要拓展，纳入更多网生代喜好的文旅元素，如民宿、米其林餐厅、网红打卡地等，要求旅行社比熟悉网络信息的网生代更了解目的地，符合游客发现身边美好的预期。

想保证自身旅游供应链中的集成优势，进一步拓展市场，旅行社必须及时以游客的需求为导向创新转型，不断迭代，跟上潮流，在传统功能的基础上拓展多样化、定制化旅游，利用大数据，根据用户需求，生成满足游客个性化、多样化的产品，从旅游者消费需求萌芽到行程归来，全程提供专业的旅行顾问和旅行保障，将旅行社服务角色由单一的旅游中介平台拓展为更多的旅游服务商角色。例如，运营商挖掘沉浸式体验商机，深度挖掘农文商旅融合项目，组团社重度细分旅游产品，将一个品类不断细分裂变；自驾游雕琢为民宿、新周边游、新公路旅行；地接社积极泛化本地旅游空间或专题文旅，如乡村骑行、探险徒步、采风摄影，或动漫文旅、音乐文旅、诗歌文旅。

新形势下，旅行社必须顺应信息技术创新应用的发展洪流，改变自身的服务和经营模式，借助长期作为中间商拥有的信息汇集中心、目的地资源、本土化、导游资源、长期客源等的核心优势，发挥在旅游流调度、信息交换、组织运营和供应商关系与客户沟通等方面的先天专长，转变企业文化、能力、结构和过程，拓展服务边界，成为虚拟旅游供应链智能生态网络平台的缔造者和运营者。同样，传统的导游也应转型为旅游行家，凭借丰富的旅游阅历和经验，借助短视频等自媒体，与智能生态网络平台优势互补，在线与传统双向融合，为旅游者提供如行程策划、休闲顾问、度假助理等一对一的个性化、定制化、立体化服务。

第七章 全域旅游视域下滇西北乡村旅游供应链减贫案例

第一节 旅游供应链减贫模式

一、宝山乡——旅游供应链辐射减贫模式

宝山乡位于丽江市玉龙纳西族自治县东北部，距县城 100 千米，东与宁蒗彝族自治县翠依乡隔江相望，西与香格里拉市三坝纳西族乡相接，南与大具乡、鸣音镇接壤，北与奉科镇毗邻。地理坐标约北纬 27°28′31″，东经 100°10′50″，位于丽江城北 128 千米的金沙江峡谷中，坡度倾斜在 25°以上。土壤以白沙土、紫色土为主，有草山草坡、高山深谷，平均海拔 1 720 米，属河谷亚热带气候，干湿季分明，温度变化不大。全乡面积 431.8 平方千米，全乡下设宝山、果乐、高寒、住古、吾木 5 个村委会，49 个村民小组，农业户籍人口 2 216 户，8 434 人，总耕地面积 1 080 亩(1 亩≈666.67 平方米)、果树林总面积 120 亩。境内主要居住着纳西族、彝族、普米族、傈僳族、汉族等民族，属玉龙县东部典型的贫困乡镇。

宝山乡依托宝山石头城，实施以旅带贫的方式。宝山石头城前临金沙江，背靠高山，以高山大谷为背景，以龙首昂扬的巨石为依托，纳西语称为“拉伯鲁盘坞”，意为“宝山白石寨”，因 108 户人家聚居在一座独立高出金沙江江面 200 米突兀耸立的蘑菇状巨石上而得名(见图 7-1)，蘑菇状巨石面积约 0.5 平方千米，可谓“百户人家一石头”。村内建筑为典型的纳西族民居，多为两层木结构，以两面厦、骑楼厦等厦楼居多。因地势陡峭，依石而建，石基较高，上垒土坯墙，注重门楼、外廊、门窗隔扇、梁枋的装饰，石头城内多依地势用石头凿榼磉、楼梯等房屋构件，甚或水缸、畜槽、桌凳、灶台，床铺等日用家具亦用石头就地凿就。这种景观为宝山石头城所独有，兼具很高的自然地理、历史文化、建筑艺术等价值。2006 年，宝山石头城被列为国家级重点文物保护单位；2012 年，被列入全国第一批传统村落保护名录。

图 7-1　宝山石头城俯瞰图

发展乡村旅游之前，宝山乡荒僻偏远、交通闭塞、与世隔绝，存在贫困面广、贫困程度深、产业链脆弱等问题。乡村规划缺失、建设无序、重建轻管、风貌特色丧失、建房侵蚀坝区生态空间、垃圾乱扔、杂物乱堆乱放、牲畜放养、粪污乱排、污水横流、水体黑臭、蚊虫乱飞，村庄脏、乱、差、穷。

2013 年，宝山石头城和吾木村提出“古城、古村、古文化”的旅游发展思路，开发乡村旅游。首先，加强村庄规划编制与实施管理，着力提升村容村貌，全面推进农村生活垃圾、污水、卫生治理，完善村规民约，为旅游开发奠定坚实基础。其次，全力启动宝山码头和停靠点建设，加快库区旅游发展进度，全面推进宝山乡政府到宝山石头城的宝山路改扩建工程，打破发展旅游的交通瓶颈；争取资金实施“宝山州府”保护和恢复工程项目，展示石头城历史文化，打造石头城民族民间文化传承点和游客服务中心；建设完善宝山石头城观景台、旅游厕所、停车场、金沙江河谷梯田农业景观观光走廊等其他旅游设施，提升旅游服务接待能力。再次，推出金沙江“高山出平湖”水上观光项目、九子海原始森林探险项目、花依古岩画探寻项目、“吾木—石头城—三江口—泸沽湖”徒步项目。2017 年，宝山乡获得全国旅游特色小镇荣誉称号。2020年,宝山村荣获省级旅游扶贫示范村称号。宝山村打破单一观光式传统旅游方式,培育串联式连片型的生态康体游、农业观光游、休闲度假游、民俗文化游、观光航运游项目,满足不同消费者的多元化需求,并主动融入滇、川、藏旅游大环线,提高旅游地级别,在更大范围内吸引更多旅游者。

宝山石头城吸引物列表见表7-1。

表7-1　宝山石头城吸引物列表

序号	类别	名称
1	历史传说	石头城传说
2		滴血求子洞的美丽传说
3	历史遗迹	花依岩画——历史的记忆
4		元跨革囊遗址
5		石城烽火台
6	名人典故	宝山州首任知州——和耐
7		“英勇献身的模范指导员”——和自兴
8		东巴传习院首任院长——和茂椿
9	自然景观	“百户人家一石头”
10		“猴子爬坡掉眼泪的太子关”
11		美丽的宝山梯田
12		金生丽水——长江上游金沙江
13	特色文化	生态农产品(古法核桃油、手工酒酿、软籽石榴、黄果、土鸡、火腿)、手工艺品(木雕)
14		民族舞蹈、音乐和东巴文化
15		特色饮食
16		传统民族服饰

宝山石头城旅游的发展,带动本地旅游直接就业人员2 000人以上,间接就业人员1 500人以上。全乡沿线吾木村、果乐村、宝山村的1 500多人能够出售土特产品,或以提供向导、农家饭以及住宿、出租马匹等服务方式参与到旅游产业中;其他农户也能通过本地农副产品及纪念品销售等获取效益。

此外,宝山村因户施策,量身打造贫困户盈利模式。一是打造精品民宿。对于人少房多的贫困户,把闲置房屋重新装修设计成民宿客栈,目前,共15家贫困户经营客栈实现盈利。二是打造农家特色餐馆。举办厨师技能培训班，重点培养有潜力人员，把自家厨房升级改造成小型餐馆，经营当地特色菜品。三是打造农副产品供应户。对部分从事种植、养殖的贫困户，根据需求调整种养殖品种，通过签订供销协议，由客栈经营户、餐馆经营户收购。

综合考虑资源禀赋、人口区位、历史基础等条件，逐级分类推进旅游与扶贫工作，打造“旅游特色型、美丽宜居型、提升改善型、自然山水型、基本整洁型”五种类型村庄。全乡共享宝山石头城旅游发展成果，保持纳西人与自然和谐发展的民族文化与生态文明建设相结合的内生动力，带动本地经济、文化、科技、人才的建设发展，推动宝山乡实现就地城镇化。

二、玉湖村——生态旅游供应链减贫模式

玉湖村坐落在丽江市玉龙雪山南麓白沙镇，纳西语名为“巫鲁肯”，意为“雪山脚下的村子”。玉湖村背靠玉龙雪山南麓，山顶是皑皑白雪，山下苍松翠柏环抱，坐南朝北，阳光充沛。村旁有一个人工湖，湖水清澈，雪山的倒影映在湖面上，山清水秀，宛如世外桃源。因雪峰与森林倒映湖中，白雪与森林的绿荫相互辉映，很像绿白相间的玉，故名玉湖（见图 7-2）。湖中有一古树海棠，称为“龙女树”，与至今仍盛传不衰的纳西族黑白之战的传说有关。皑皑雪峰倒映湖中，犹如缥缈梦境，此景称为“雪山倒映”，是丽江著名十二景之一。

图 7-2　玉湖村

20世纪初，探险家约瑟夫·洛克来到丽江，被当地自然美景、淳朴人文、厚重历史、多样民俗深深吸引，一住就是27年（洛克故居见图7-3）。他于20世纪30年代开始向世界翔实地介绍玉龙雪山、纳西族、东巴文化，并留下了许多珍贵的历史资料和图片，著有《中国西南古纳西王国》《英语纳西语百科辞典》《中国纳西象形文经典分类目录》《纳西手稿本》《纳西和摩梭伦理图解》，对纳西族文化进行了深入研究和探讨。洛克为探索和整理纳西历史文化及宣传纳西文化方面做出了重要贡献，是将丽江的神奇风光和古老文化宣传到世界、让世界了解丽江的第一人。

图7-3　洛克故居

（资料来源：作者拍摄）

玉湖村村落的营建依据纳西传统阴阳、五行观念，形成负阴抱阳、枕山伴水，与自然山水相融合，外围群山环抱的空间格局。周边的玉柱擎天、西玉湖和东玉湖是玉湖村不可分割的组成部分，在玉湖村发展史上占有重要的地位，有着极高的历史文化价值。而周边的农田和湿地为玉湖村半耕半牧生活的重要见证。这个有千年历史的纳西族古村落，是丽江生态旅游的典型代表，进入村内，流水潺潺，道路皆由小石头铺成。民居建筑是典型的纳西族传统建筑，瓦屋错落，飞檐画栋，多为“三坊一照壁、四合五天井”，或是“一进两院”“前后院”。墙体多由当地特殊的褶皱型冰川石头砌成，树绿花繁、鸟飞虫鸣，村野、田畴与玉龙雪山紧紧相连，人与自然和谐共生，吸引着众多游客。

玉湖村东、南两面邻新善村，西邻文海村，北靠玉龙雪山，总面积46.66平方千米，是纳西族木氏土司早期的居住地之一，距白沙镇人民政府所在地8千米。全村分为上村、下村和文华村3个自然村，全村农户373户，1 600余人，其中纳西族居民占总人数的80%。昔日的玉湖村受区位及山区自然条件的限制，形成以传统的农业生产为主的生活方式，整体社会经济发展水平较低，十分贫困。吃粮靠返销、花钱靠贷款、生产靠救济，看山愁、看水愁，"有女不嫁玉湖村"是当时玉湖的真实写照。2003年，玉湖村经济总收入仅为234万元，旅游收入仅为18万元，农民人均纯收入仅为937元。

生态旅游是玉湖村快速发展的秘诀。从砍伐树木、挖山开矿，走向生态补偿，从"砍树人"变成了"护林人"，从"挖矿人"变成了"守矿人"。玉湖村先是实现了生态美景的回归，2004年成立了合作社，开展骑马服务，开发乡村旅游。接下来全力开展农村人居环境整治提升行动和爱国卫生等专项行动，投入数千万元建设了排污管网、环村公路，村容村貌得到明显改善，并精心实施与古村落不协调的建筑风貌改造，基础设施修缮复建工程，修建了停车场、管理房、环保厕所，安装了太阳能路灯，栽植了行道树，设计了景观水系。通过一系列环境整治与原生态景观相结合的改造，玉湖村古宅古建、古树名木、乡土文化得以保护与传承，保持了乡土气息，营造了乡愁乡韵，"望得见山、看得见水、记得住乡愁"在玉湖村成为现实。依托独特的地理位置和人文条件，玉湖村发展出以徒步生态为中心，以感受体验纯朴民风民俗为重点，以独具特色的玉湖古村落、玉柱擎天、洛克故居、文华自然生态村为依托，集旅游度假、徒步探险为一体的休闲胜地，并实现与周边其他景点的互动，形成以"白沙古镇—新善村—东巴王国—东巴万神园—玉水寨—玉湖古村落—洛克故居—玉柱擎天珍珠湖—驼峰机场遗址等"的全域旅游线路。

2020年，全村接待游客量达12万人次，旅游总收入达1 200万元，农民人均纯收入达14 800元，摆脱了"美丽的贫困"。2021年，玉湖村实施乡村振兴项目"丽江再出发"，以生态环保的发展思维为导向，以文化为核心，以乡村振兴为路径，对丽江旅游品牌重构进行全新尝试。玉湖村把资源变为资产、资产变为资金、村民变为股民、村庄变为景区、田园变为乐园、民房变为民宿、农产品变为伴手礼、劳动变成运动、空气变为人气、民族文化变为真金白银，成功打造一个产业兴旺、生态宜居、乡风文明、治理有效、生活富裕的全国乡村振兴示范点和国家5A级景区村庄。

如今，玉湖村"传承+创新"式重构复古又新潮的乡村旅游体系。村子内，将非物质文化遗产(见表7-2)、纳西传统手工艺、纳西特色小吃、乡村音乐等元素植入纳西庭院；村子外，开展骑马体验、马术表演等特色经济，国际旅拍、自然博物研学、沉浸式街区、高端主题民宿、雪山野奢营地等旅游体验项目，筹办雪山音乐节、乡村集市、纳西族节庆、非遗竞赛、大地艺术节等活动，延续乡村自然与文化记忆。先后获得“中国少数民族特色村寨”“中国传统村落”等荣誉，村民的获得感、幸福感不断增强，“绿水青山”带来了“金山银山”。

表 7-2　玉湖村非物质文化资源分类

类别	名称	基本类型
民族语言	纳西语	纳西语西部方言
民间文学	传说	龙女树、创世纪、黑白之战、鲁班鲁绕、玉龙雪山的故事、通天路、仙迹崖等
	谚语	天气谚语、农时谚语、哲理谚语
民间音乐	民歌（叙事歌、情歌、山歌小调、劳动歌、儿歌、祭祀歌）	民间小调、谷气、哦孟达、目布等
	音乐套曲	白沙细乐等
民间舞蹈	祭祀舞蹈、 民间舞	东巴舞 谷气磋、哦热热磋、啊丽哩磋、哦孟达磋等
传统技艺	民间手工技艺	草编、竹编、铁器制作、东巴纸制作
	民居建筑营造技艺	土木结构建造技艺 石墙建造技艺
消费习俗	餐饮	鸡豆凉粉、米灌肠、丽江粑粑、纳西腌肉、酿松茸、米酒、纳西月饼、米糕、饵块、黄豆豆腐、蜜饯、核桃糖、酥肉、金雀花、猪肝渣、凉拌猪肝、水煮龙须菜、纳西酥油茶、糯米粑粑
	居住	居住习俗
人生礼俗	婚礼	传统婚俗、东巴婚礼
	丧礼	传统土葬习俗、火葬习俗
生产习俗	养殖	养蜂、传统养马
	农耕	尝新节

续表

类别	名称	基本类型
岁时节令	少数民族节日	火把节、三多节、棒棒会、当美空普、塔卜、初卜
民间信仰	原始信仰	祭暑
	祖先信仰	祭天、祭祖
	巫术与禁忌	占卜(骨卜、贝卜、鸡蛋卜、签卜)、生产生活禁忌
	其他	东巴文化、藏传佛教、汉传佛教
游戏、传统体育与竞技	博弈游戏 摔跤、登山、秋千	成字围棋
	助兴游戏	斗牛
传统美术	美术	东巴画(木牌画、纸牌画、卷轴画)
	剪纸	窗花
	雕塑	木雕、泥塑、面塑
传统医药	民间中医	中草药、东巴医药

三、龙蟠乡——供应链多主体参与减贫模式

龙蟠乡位于玉龙纳西族自治县西北部，玉龙雪山西麓，地处金沙江畔，东与大具乡、白沙乡相连，南与拉市、太安、九河、石鼓等乡(镇)接壤，西、北与迪庆州经济开发区、香格里拉市虎跳峡镇隔江相望，面积 306.8 平方千米。乡政府所在地龙蟠离县城 64 千米，辖龙蟠、兴文、鲁南、新尚、星明、新联 6 个村委会，81 个村民小组，总人口 10 669 人，耕地面积 12 826.41 亩。境内居住有纳西族、汉族、壮族、傈僳族、苗族、藏族、白族等少数民族，是一个集河谷阶地、山区、半山区为一体的农业乡。由于交通欠发达，耕地面积少，产业单一，壤僻山穷。2019 年，龙蟠乡全乡建档立卡 319 户，1 117 人，其中，龙蟠 58 户，190 人；新联 55 户，214 人；鲁南 40 户，133 人；星明 47 户，172 人；新尚 58 户，188 人；兴文 61 户，220 人。其中，因病致贫 38 户；因残致贫 33 户；因学致贫 37 户；因灾致贫 3 户；缺劳动力 2 户；缺资金 206 户。

龙蟠乡兴文村坐落在玉龙县城以西 45 千米，是一个依山傍水而居的典型纳西

族聚居村落，位于“三江并流”核心区域和大香格里拉旅游环线上，地处进入藏区的必经之路滇藏线，古时茶马古道四通八达穿村而过，是著名的阿喜茶马古道七十二道湾入口遗址，至今还保留着浓厚的茶马古道韵味。村组被三条大沟分割成三个独特的山寨，又俗称“三股水”。2013 年，村党支部经过多次商讨考察，选定了要走乡村旅游的发展路子，招商引资，发掘整理纳西民族文化、德盛庄古村落民族风格建筑文化、长江文化、红色文化、农耕文化、茶马古道文化、三江并流区域风土人情、宗教文化、德文化等多元文化精髓，结合丰厚的原生态自然资源和水资源，利用独特的区位优势和丰富的文化内涵相济相融于乡村旅游开发建设，打造了三股水旅游景区（见图 7-4）。

兴文村逐步摸索出“公司＋支部＋合作组织＋农户＋农产业＋农特产品”的旅游扶贫模式，并在全乡推广。

（1）帮助村民出售农特产品，将“三农”产品转化为旅游服务产品推向市场增加收入。

（2）把年纪轻、素质高的村民介绍到景区里就业。

（3）举办培训班，培训农家乐开办业务，帮扶有条件的村民在景区里开办农家乐，最大限度地让村民融入旅游服务中，增加收入。

（4）将旅游收入分红投入到基础设施建设、村容整治、环境卫生保护，以及技能培训、捐资助学和教育事业发展。

（5）多方位、立体式拓展旅游产业链，开发油橄榄种植、生态养殖、田园超市、乡村旅游服务等乡村旅游新模块，丰富旅游载体，深挖农耕文化，建设美丽乡村。

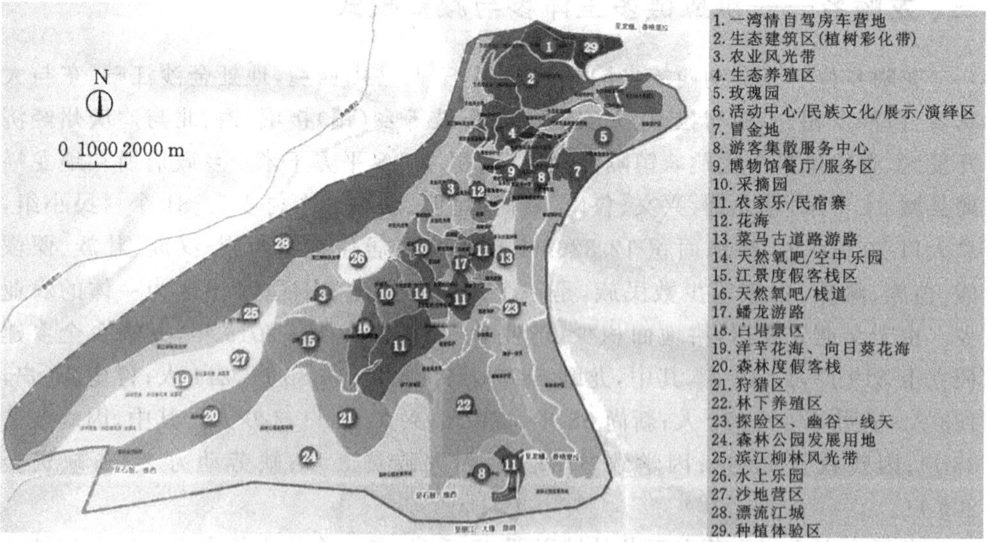

图 7-4　三股水乡村旅游景区规划及旅游项目

2020 年，龙蟠乡在全面脱贫的基础上，通过乡村旅游辐射带动周边区域产业的发展，增加旅游服务就业岗位，使景区内旅游行业直接就业人员达到 500 人，间接就业人员达到 1 500 人。达到以组带村、以点带面、一带百动的作用，带动发展农特产品服务旅游市场，整体互动，把“三农”资源转化为旅游资源，把“三农”产品转化为旅游服务产品，成为辐射带动全乡经济社会发展，带动全乡奔向全面小康。

四、东巴谷汽车旅游营地——项目带动型供应链减贫模式

丽江东巴谷汽车旅游营地位于云南省丽江市玉龙纳西族自治县白沙镇东巴谷旅游区内，处于丽江古城到玉龙雪山的黄金旅游线上，距丽江古城 15 千米，海拔 2 600 米左右。营地分为营地接待区、房车营位区、自驾旅居车营位区、帐篷营位区、木屋营位区、森林露营区、餐饮烧烤区、儿童娱乐区、体育健身区、婚庆旅拍区、户外拓展区、徒步运动探险区、茶马古道骑马场等区域（见图 7-5）。营地拥有健全良好的配套设施，包含度假酒店、民俗客栈、汽车充电、车辆出租、汽车救援、旅游厕所、便利超市、公共淋浴房、公共洗衣房、水电消防、污水处理、5G 网络、电子安防等配套设施，以及中央草坪、雪山倒影湖、森林浴场、茶马古道、玻璃吊桥、彩虹栈道、天空之境、高原牧场、雪山峡谷、生态民族村等景观设施，为多种类型的团建、自驾游、亲子游、夏(冬)令营、徒步运动、拓展运动、会议、研学和各种体育赛事等项目提供场地。

营地依托丽江各民族的文化元素和玉龙雪山、裸美乐大峡谷的地形地貌元素，白沙镇打造了一系列“新、奇、特”的康养、休闲项目。其“新、奇、特”主要体现在下面三个方面。

(1) 依托玉龙雪山、裸美乐大峡谷、森林氧吧、高原特色植被等新颖元素提供服务，使消费者置身全新的环境中，感受户外康养之旅，突出“新”的体验。

(2) 依托峡谷、丛林的奇特地形地势，以及玉龙雪山片区 20 千米以上远超航空能见度级别的空气能见度，开展各项康养及户外体育活动，突出“奇”的意境。

(3) 依托丽江原生态民族文化和玉龙雪山健康清新的周边环境（负氧离子浓度达到 2～5 万个/立方厘米），将其融入营地的每个角落，突出“特”的风情。

2022 年 11 月 11 日，东巴谷协办了第五届“一带一路·七彩云南”国际汽车拉力赛丽江赛段的比赛，呈现了一场体育竞赛与滇西北美景交互碰撞的奇妙盛宴。除汽车赛事外，途中还举办了多场丰富多彩的活动，通过体育赛事活动搭建平台，展示沿途地区——玉龙雪山、普达措国家森林公园、梅里雪山、丙中洛等景区的生物多样性、景观多样性、民族多样性、文化多样性的资源禀赋和特色，并通过商贸交

图 7-5　东巴谷汽车旅游营地
（资料来源：作者拍摄）

流会、助农捐赠、助学捐赠等活动方式，开展体育旅游旅游重点项目的宣传推介和招商引资，推进了云南体育、旅游、文化、经贸等多领域的融合发展。

五、文林村——多民族村民共治减贫模式

文林村是丽江市古城区大研街道义尚社区下辖的村民小组，位于丽江古城东部。2022 年，全村有村民 334 户、980 余人，含纳西族、白族、藏族、汉族、普米族、傈僳族等 10 余个民族，少数民族人口占到全村总人口的 60%，是一个典型的民族融合大家庭（见图 7-6）。

文林村名字取自“文仕如林”之意，自古以来十分重视文化教育，在“耕读一生乐事，家和四季平安”的家风家训中，村民们始终牢记民族团结一家亲的优良传统，始终保持同心同向的发展理念。文林村地理位置优越，与丽江古城四方街仅仅相距十多分钟的步行路程。村里保存着完整的纳西族古村落原始风貌，拥有丽江市唯一的古城活态文化。在村党支部的引领下，一边守护古村文化，一边依托世界文化遗产——丽江大研古城发展乡村旅游，村民将一部分庭院、土地进行出租，引进 200 余家商户，以客栈为主，另有餐饮店和商铺。

图 7-6　文林村多元的少数民族

（资料来源：丽江市民宗局）

为了营造公平公正的营商环境，保障旅游质量，文林村党支部与全部商户签订了诚信经营协议，定期组织党员和村民对经营户开展走访，定期进行争先创优评议，坚守了旅游服务质量与形象。依托党建引领，村民民主制定村规民约，将相关法律知识和基本道德规范纳入其内，自觉进行环境保护和规范村民行为。居民自发成立议事会、红白理事会、监事会等自治组织，共同制定自治章程、自治公约，凡公共事务和涉及居民切身利益重大事项，均通过居民自主、自愿、自治方式讨论决定。社区构建"网格化"和"双联户"等社会服务管理体系，掌握村内各民族人员的基本情况，并积极为新旧居民和旅游从业人员在村里经商、探亲、办证、租房、经营等提供各种服务和帮助，切实维护各民族、各家各户及游客的利益。

村庄发展中，全村各族人民将如何让全村发展得更好作为出发点，形成团结发展的和谐氛围，村民与外来户没有你我之分，共享民族团结情谊。村民以地主之谊接纳新来户，外来商户向村民传授经营之道，彼此交朋友、吐真言、讲幸福、谋发展，将经济发展、生态环保、招商迎商、村务管理、学校教育各个方面都融入民族团结。如今更是吸引了越来越多的外乡人在此落脚并自觉融入大家庭，肩负起守护全村安全、保持旅游环境的职责。

有了旅游收益以后，村集体将全部所得投入到了公共设施改造中，修建了藏书楼，搭建了法治文化长廊，设立了村务活动中心，孩子们看书写字，村民们奏乐起舞，一幅其乐融融的画卷舒卷开来。

六、双廊镇——产城乡融合供应链减贫模式

双廊镇隶属于云南省大理白族自治州大理市，地处大理市洱海东北岸，行政区域面积 218 平方千米。据统计，2020 年年底，双廊镇总人口接近 1.8 万人。20 世纪 90 年代以前，双廊镇是有名的省级贫困镇，村民主要以农业、渔业和泥水匠为生。2009 年，双廊镇凭借绝佳的地理位置和浓厚的白族风情迎来了最早的一批游客与开发者。2012 年后，大量外地旅游经营者进入双廊镇投资，旅游小企业主移民是当时旅游业的主要经营群体。经过这些年的发展，双廊镇已成为洱海边上的旅游明珠，当年"封闭的小渔村"摇身变为开放、富裕小镇（见图 7-7）。

图 7-7　大理双廊镇

（资料来源：图片来自网络这十年·涅槃篇|高质量推动旅游转型升级 特色小镇蝶变抒华章）

经过多年的发展，双廊镇已经成为滇西北的文艺地标，来大理和丽江的游客都少不了打卡双廊镇。双廊镇以旅游业为纽带，连起了大理和丽江，形成滇西北城乡一体化的融合发展模式。

（一）"五位一体"全覆盖区域交通

（1）水路：双廊洱海边和南诏风情岛都有码头，游轮把双廊和周城、喜洲、大理

古城等重要景点连接起来。

(2) 公路：环海公路穿镇而过，把洱海周边的景区串联起来。

(3) 高速：大丽高速公路于2014年通车，大理到丽江行程只需2个小时，2023年年底，丽香高速公路通车连接香格里拉。

(4) 铁路：昆大丽高铁开通后，从双廊到大理火车站只需半小时。

(5) 航空：双廊位于大理机场和丽江机场的中间位置，大理机场位于洱海东南岸，距离双廊仅一小时的车程；丽江三义国际机场到双廊大约需要两个小时车程。

游客无论飞到大理还是丽江，到双廊都十分便利。

（二）山海文化融合

双廊形成了东边“山”、西边“海”的互补主题，将本地白族文化和渔文化融为一体，发展特色旅游业。西边为“海”主题文化，发展渔村休闲文化、苍洱山水景观、艺术体验家园、休闲度假旅游、白族民俗风情、特色民宿等。双廊洱海边的几个村落都是千年渔村，多数村民常年以捕鱼为生。基于这种千年渔村的优势，以洱海渔文化元素充分展示双廊白族渔村的千年传统文化习俗，促进双廊旅游业与渔村文化相融合。

东边为“山”主题文化，发展乡村生活体验、白族生活方式、休闲度假旅游、户外运动体验、康养旅游服务、瑜伽禅修养生等旅游产品。白族文化是双廊的核心文化，传统的白族特色美食、白族传统服饰、民居建筑、本土宗教文化、白族民歌舞蹈无不彰显白族文化的魅力。东部山区环境优美、景色壮丽，出产梅果、山菌等众多土特产品，也吸引众多外地的游客。

（三）业态与空间融合

双廊全力打造文化艺术品牌，推进双廊艺术馆、伙山美术馆等艺术展示和交流空间建设，引进杨丽萍、沈见华、张杨、赵青等一批艺术家入驻，培育舞蹈、建筑、电影、农民画等艺术业态。通过统一布局谋划，以双廊艺术小镇核心区为引领，带动民族文化街、玉几岛和海街片区多点联动，形成全域布局的文创产业格局。引导餐饮民宿客栈从单一的海景观光模式向观光、度假、休闲等复合型、沉浸式旅游的模式转型升级。规模、业态和结构的变化正重塑双廊作为乡村的空间功能，从传统的以渔业为主、农业为辅的单一生产型空间，逐渐转变为集景观空间、聚落生活空间、艺术空间、休闲空间等多功能于一体的消费型空间。

（四）生产要素的城乡流动

双廊早期的旅游业主要由外来移民投资发展，如今，本地人已经广泛参与到旅游供应链中，旅游业取代农业渔业成为沿“海”村民主要经济收入来源。双廊村村民或通过房屋租赁获得/增加收入，或在客栈打工积累经验，或自己创业经营客栈或餐馆，经济收入逐年提升。规模经济促使地方劳动力需求市场形成，周围村民来此创业就业，外出务工村民回流，年轻大学生从城市回到家乡发展，旅游业发展推动了生产要素回流与在地重聚，打破了双廊镇乡村社会传统的“社会闭环”，即农民在农村从事农业的生产生活方式[30]。大量城市旅游移民的介入，使传统的农业要素与资本、创意等新要素结合衍生出新的业态，乡村不再在产业结构和空间功能上与城市完全区别或隔离，或者是依附于城市的单一农业生产空间，而是在自我独特人文与自然资源的基础上，发展出来的多元化、多功能、融入城乡生产要素的城乡连续型人居形态。

第二节　全域旅游供应链创新产品案例

一、泸沽湖——综合体验游

（一）综合体验游产品

泸沽湖位于云南省宁蒗彝族自治县和四川省盐源县，川滇共辖。云南部分隶属于永宁镇落水村委会，沿湖有 9 个自然居民村落，常住人口 4 274 人，其中，摩梭人 1 236 人；普米族 629 人；藏族 30 人。泸沽湖景区是国家级风景名胜区、国家 4A 级景区、云南省级自然保护区和省级重要湿地、珍稀动植物的宝库。近年来，泸沽湖旅游业跨入高质量发展阶段，开发出“自然风光＋摩梭文化＋休闲农业”的综合体验游产品。

1. 自然湖景风光

泸沽湖属于金沙江流域水系，是中国第三深的淡水湖，湖泊面积 51.3 平方千米，最大水深 105.3 米，湖水最大透明度 13 米，湖面海拔 2 691 米。湖面呈北西—东南走向，南北长 9.5 千米，东西宽 5.2 千米，湖岸线长约 44 千米，流域集水面积 247.8 平方千米。泸沽湖核心景区森林覆盖率达到 76％，流域内森林覆盖率达到 80.2％，景区空气质量全年保持优良天数达到 100％，是名副其实的西南地区不可多得的“天然氧吧”。泸沽湖水位始终稳定保持法定水位线，水质常年稳定保持国家地表水Ⅰ类。泸沽湖澄明净澈、美若仙境（见图 7-8），有网友曾这样描述泸沽湖：“天蓝白云悠，阳光跌进温柔的湖，湖水清亮，映得草海一片金黄，与油画中的世界毫无二致。令我想起一句诗：目光所及皆图画，步履所至尽仙源。"其壮丽景色令无数人心驰神往，每年吸引大量游客前来游湖划船，先后被评为"中国十大最佳生态文化旅游景区""中国十大生态名湖""中国最佳生态休闲旅游目的地""中国最美的十大湖泊"。

图 7-8　泸沽湖全景

（资料来源：泸沽湖管理局）

2. 原真摩梭文化

摩梭传统村落和文化基本没有受到破坏，5 个国家和省级传统村落散落其间并得以保存。母系大家庭、阿夏婚姻等传统犹存，遵循和谐的摩梭大家庭社会机制。对于摩梭人来说，幸福就是能与母系亲属和睦地生活在一起，家人最重要的职责就是维护家户的兴旺祥和。每一个摩梭家户尽量为每个成员提供老有所养、幼有所教、老弱病残得到特殊照顾的生活保障，"形成了一个微型的、和谐的社会保障机制"，筑成摩梭母系家户内部关系的核心。世代生活在泸沽湖畔的摩梭人，完整地保存和记录了人类母系氏族社会的典型特征，被称为"东方母系氏族文化家园中的最后一朵红玫瑰""最后的女儿国""人类婚姻活化石"。

3. 特色休闲农业

摩梭村落传统上以农耕为主要生计方式。随着旅游业的发展，泸沽湖的产业经历了从单一的传统农牧业到以旅游业为主的发展过程，但并没有像其他一些旅游地一样放弃基础农业，即便在泸沽湖景区关闭的情况下，泸沽湖也能凭借大家庭文化和农业土地资源来保障居民的基本生活。近年来，休闲农业和特色农产品产业也逐步发展起来，丰富了生态康养、美丽乡村、森林村寨等休闲业态。

（二）减贫经验

1. 集体主义分配制度

泸沽湖村委会规定了旅游项目的统一收费价格，同时规定了全村每户都以出人出工的方式参与旅游工作，每天的旅游收入，以工资的方式平均分配给每一位参与村民。利用村规民约，建立群众参与村落事务决策的渠道，深化摩梭村落村民自治实践。根据不同的群体、不同的村落，合理规划现代农业、旅游业，并让村民参与乡村规划建设，共同致力于古村落保护和农村优秀传统文化传承。同时，给处于弱势或劣势的非重点保护、非旅游区的村落及村民创造机会，共同享有旅游发展所带来的机遇，缩小贫富差距，实现“共享式增长”。

2. 生态保护

针对污水处理体系不完善和围湖过度开发带来的湖滨生态环境恶化、草海湿地化、水体流动性降低、水质和水生环境受损等问题，管理部门以敬畏大自然、把山水林田湖作为一个生命共同体生态理念，重新规划改建，将泸沽湖及周边区域划分为亮海水体、草海湿地、后龙山森林、南北山体景观等生态保护区，分类分区实施保护，精准施策。

（1）恢复建设湖周生态，严守生态红线。

（2）改扩建污水管网和污水处理厂，推进泸沽湖垃圾、污水的治理。

（3）实施生态移民搬迁和草海湿地治理，建设草海及亮海生态隔离带，沿岸建设游船生态码头，加强环境监测。

（4）生态环境分片包干管理工程，制定实施“泸沽湖保护十个严禁”“泸沽湖流域负面清单”。

（5）川滇两省建立跨省河湖保护治理联动机制等多种措施，启动实施智慧泸沽湖项目并挂牌运行湖泊研究中心。

现在，泸沽湖已经走出一条以绿色为底色的发展之路，基本形成稳定、和谐、可持续的生态系统。

为能永保一湖清水，泸沽湖开发从围湖发展向控湖转坝转变，泸沽湖管理局制定了《丽江市泸沽湖保护条例》《丽江市泸沽湖保护条例实施细则》。按照“游在湖边、吃住在湖外”的指导思想，泸沽湖管理局坚定执行80米生态红线治理，将临湖80米范围内160户民居客栈建筑进行退出拆除，并将腾退出来的土地全部用于环湖生态廊道和湿地缓冲带建设，实现了从“人进湖退”到“人退湖进”的历史性变革。同时，为保证治理成效长期保持，规范了湖区活动以及湖周经营活动，划定游船实验区、游览线路，限定游船活动区域，禁止燃油、机动、金属船只入湖，并强化了对环湖民居及客栈、餐饮经营户的日常环保监管工作。

3. 跨省份共同治理

川滇两省人民政府联合下发《川滇两省共同保护治理泸沽湖“1＋3”方案》，建立了滇川共治工作机制，构建了“综合执法＋联合执法＋社区协管”的格局。对旅游限流接待、联合治安，环境保护、渔政管理，重点保护泸沽湖水环境，联合推进水质监测、环湖截污工程和共建污水处理厂等综合整治项目。实行处级领导包村负责制，调动群众、商户、游客等各方力量，构建“政府＋群众＋商户”全民护湖机制；建立联席会议制度，开展联合执法和巡湖，坚持共治共管。严格落实“党政同责”“一岗双责”，抓好各级督察反馈问题整改。利用大数据监测湖体及入湖河道水质及水量，加上摄像监控覆盖、数据共享接入等，实现泸沽湖全面数据沉淀、分析、管理、调度，以及突发事件的处理。

4. 乡村振兴人才

大力支持大学生毕业/创业后返乡，将大学学到的知识运用到支持家乡旅游发展和乡村振兴建设的实践中来，如旅游项目规划设计、生态理念传播、智慧乡村建设等，向村民传授经营之道和销售技巧，将现代信息技术、现代农业和电子商务技能等应用在农村产业、基层管理、生产生活、环境治理等诸多领域，培养一批素质高、能力强的新时代农民。在乡村能人、本地精英和大学生人才的带领下，泸沽湖完善了村落电商体系，实施“互联网＋”农产品、特色产品出村进城，推进现代物流业与当地农业、旅游业的深度融合；加强了智慧摩梭家园信息平台建设，开发“一机游”手机移动客服端，提升智能化购票、酒店预订、摩梭文化展示、信息资源共享、虚拟体验互动等服务功能，增加了乡村旅游的便利性与现代化。

二、高美古——星空主题村

高美古地处滇西北高原的丽江市玉龙纳西族自治县太安乡，距离丽江市区

40 千米，面积 4.16 平方千米，海拔 3 200 米，年平均气温 4 ℃～6 ℃，年降水量 600 毫米。乡村共有居民 27 户，人口 113 人，耕地 704 亩，农民收入以种植业为主，由于地处高寒高原，主要产出洋芋(土豆)、秋油菜等农作物。2006 年，对外交通道路基本为土路，距离最近的车站 49 千米，距离最近的集贸市场 12 千米，全村经济总收入 16.36 万元，农民人均纯收入 1 230 元，属于典型的贫困村。

“高美古”是纳西语的音译，意思是“星星很大的地方”，是国内最佳的天文观测基地之一。这里年平均晴夜有 250 多天，从当年 10 月到次年 5 月，都是高美古观星的好时机，特别是进入冬季之后，整个银河系更加美丽，北斗七星、猎户星座、火星冲月、猫眼星云、杜鹃 47 球状星团……这里观测视野开阔，大气洁净透明、能见度高，晴夜多，抬头可见满天的繁星和清晰的银河，且远离城市灯光、人为光线和沙尘的干扰，观测条件得天独厚，吸引着越来越多的天文学家、天文观测爱好者和游客从全国甚至世界各地慕名而来，逐步成为国内外天文工作者的“追星”圣地(见图 7-9)。

图 7-9　高古美的璀璨星空

(资料来源：图片来自网络)

高美古山峦秀丽、风光迷人，起伏连绵的小丘陵环抱四周，春夏苜蓿、土豆、油菜花田成片，林海苍翠无边，蘑菇漫山遍野，夜晚繁星满天，宛如一幅令人心旷神怡的梦幻画卷。近年来，高美古与丽江市科协共同设想新一代乡村旅游业，充分利用特色星空资源，积极探索科普教育新模式，创新打造“丽江星空”天文科普品牌，促进“科普＋旅游”融合发展。走进高美古，随处可见传统的纳西民居＋星空的创意作品（见图7-10）。一幅幅天文3D画，结合纳西传统民居的特点，利用房屋的构造、地势的起伏、道路的曲直，在墙壁、转角、水池、水窖等面上铺开，描绘着太空旅行、各种小行星、太阳系、彗星等太空美景，形成了目前国内规模最大的天文主题3D科普画作品。“在我们的世界里，星星是首先诞生的。和其他的东西一样，星星是从鸡蛋里诞生的。”纳西族东巴[①]介绍说，“让全世界的人都来这里看星星，我觉得这是一个很棒的想法。”为了方便游客观察星河和拍到最好的画面，村庄在一些3D画前标出了最佳的摄影位置，让璀璨的“丽江星空”触手可及。

图7-10　高美古纳西民居＋星空的创意作品

2007年，中国科学院云南天文台丽江天文观测站在高美古选址，中国最大的一台光学天文望远镜在观测楼的圆形顶层落成并正式运行。这台大型光学天文望远镜高8米，通光孔径2.4米，重40余吨，主要用于对恒星和星系的观测。经过多年的建设，国内外科研院所和高校在此逐步安装了2.4米、1.8米、1.6米等多种口径规格光学望远镜和一批小口径的远程/自动望远镜、日冕仪、射电望远镜等科学观测装置，采用浪潮分布式存储构建三级数据存储平台，为天文研究乃至数字经济

① “东巴”乃纳西语智者之意，是纳西族最高级的知识分子，地位很高，多数集歌、舞、经、书、史、画、医多种知识为一身，是东巴文化的主要传承者。

产业研究提供有利的硬件平台支撑，成为我国南方最重要的天文观测基地。

2018年，天文爱好者在丽江天文观测站附近建成了“双子天文庄园”。庄园配备起用星座命名房间的特色客栈，成为国内首家集天文观测、天文教育、科学研究、大众科普、研学旅游、农业生态于一体的民营天文主题中心。大批天文爱好者和高校利用几十台不同口径的远程控制望远镜开展天文观测、拍摄和教学活动。双子天文庄园也越来越受青少年天文研学旅游团的青睐，欣赏优美的自然环境，学习动植物知识，体验妙趣横生的天文课、火星任务，完成上到仰望星空、下到林子里捡蘑菇等课程，成了游学团队津津乐道的内容。

结合天文科普和旅游发展优势，高美古在丽江市的支持下，打造“丽江星空”天文科普旅游新品牌，以点带面形成了以天文科普带动生物多样性、生态环境、地质地貌、气候湖泊、湿地候鸟、民族文化等全覆盖多领域科普研学旅游新业态，并不断加强与科研院所的沟通对接，将旅游供应链延伸至天文科普“产学研游”创新平台。创新方法一是搭建院士专家服务平台。加强与院士专家的沟通联系，积极引进韩占文院士，在丽江师范学院高等专科学校建立韩占文院士工作站；促成武向平院士与丽江签订“西部扶智行动计划”开展天文科普活动，推动丽江星空资源与“天文科普＋研学旅游”的有效对接。二是引进中国科学院研学实习基地。在中国科学院高美古观测站筹建中国科学院大学天文与空间科学学院丽江实习基地，依托丽江天文观测站通用光学望远镜开展实测天体物理教学环节的光学观测实习，利用中国科学院大学本科、研究生教育的师生资源开展科普和社会实践活动。三是开展青少年科普研学活动。与中国科普产学研创新联盟合作，组织中国科学院系统青少年在丽江开展科普研学专题活动，探索开发青少年科普研学旅游产品。

自2018年以来，依托高美古星空资源，丽江市组织开展了第14届亚太天文奥林匹克竞赛、“丽江星空·马路天文夜”“礼赞共和国·智慧新生活”系列天文科普、中国科技大学“走进星空·传播科学”丽江实习、院士专家天文科普知识专题讲座、“创新引领时代·智慧点亮生活”天文科普资源宣传推介、“玉龙明月·探秘星空”星空酒店中秋夜话、“丽江古城中秋赏月”“小小业余天文学家训练营”、第一届丽江高美古双子座流星雨观赏节、首届“丽江星空派对”等天文科普活动，积极向广大市民和游客宣传推介丽江得天独厚的天文观测、天文科普和天文研究探索资源，在有力促进学术交流的同时，为丽江旅游注入了新内涵。

三、周城村——白族扎染文旅融合产品

周城村隶属大理白族自治州大理市喜洲镇，坐落于大理市北部，西靠苍山云弄峰，东临洱海桃源码头，南距大理古城25千米，北连著名的蝴蝶泉景区。面积4.7

平方千米，现有16个小组，共约2400多户，常年居住人口均在10 000人以上，其中99%的人口是白族，是白族文化的典型代表、全国规模最大的白族自然村落。周城集“山、村、田、湖”景观为一体，自然环境优美，民族风情浓郁；白族织布、刺绣、扎染、三道茶等民间技艺在这里代代流传，被誉为“白族民俗文化活化石”。当前，周城村正乘文旅融合发展之东风，以白族扎染文化为主题，驶入乡村旅游高质量发展快车道。

周城村房屋遵循白族民居“三房一照壁”“四合五天井”传统建筑模式，特别重视照壁、门窗花枋、山墙、门楼的装饰。照壁是一主两厢三主庭院的必要建筑，多为一高两低的挑檐飞角青瓦盖顶的墙体；居主房正前，连接两厢山墙，使三方形成封闭庭院。照壁正中以石灰粉刷，书以四眼题字，或嵌大理石屏；四周镶勾出扇面、长方、圆形等图案，中以水磨或粉彩绘画。门窗特别是主房堂屋的格子门，多为云木、红椿、楸木、云山等名贵木材，雕上金鸡富贵、喜上眉梢、麒麟呈祥等吉祥图案。大门座选用海东青山石精凿成芝麻花点，砌出棱角分明的基座，上架结构严谨、雕刻精细、斗拱出挑、飞檐翘角的木制门楼(见图7-11)。村子里随处可见穿民族服饰的白族妇女，从事着传统活动，保留着原汁原味的白族生活，散发出古朴的村落韵味和乡村文化的原真感。

织布与扎染就像是大理的苍山与洱海，相互映衬，一脉同盛，是周城民间技艺中最为耀眼的两颗明珠。

在白族语中，周城意为“织者”，是种植柘树之城或织染之城。唐樊绰《蛮书》载：“蛮地无桑，悉养柘，蚕绕树。村邑人家，柘林多者数顷，耸干数丈。其纺丝人朱紫以为上服，锦文颇有密致奇彩。”由此可见，在唐代南诏国时期，这里已经孕育出先进发达的丝织业、织布业和染织业。手工织布的织造工艺极为复杂，从采棉纺线到上机织布，要经过轧花、弹花、纺线、打线等大小72道手工工序。民间手工织布织的多是粗布，即俗称的“土布”“老粗布”“家织布”，多采用全棉织造而成，色彩鲜亮，条纹经向规律，彰显着大理白族的传家之意与生活哲学。

扎染，古称“绞缬”，是历史悠久的一种染布工艺，扎染布也叫疙瘩花布、结花布、蓝花布，因此民间又把扎染称为“疙瘩染”，是由手工将扎染布针线缝扎，再反复冷染浸制而成，颜色青里带翠，凝重素雅(见图7-12)。历史上曾现“苍山十九峰，峰峰有水；大理三千户，户户织布，家家有染缸”的庞大规模。早在2006年，白族扎染技艺就被列入第一批国家级非物质文化遗产保护名录。依托扎染这一传统工艺，周城村有丰富多彩的民族节日，其中最著名为“三月街”，被形象地喻为“一街赶千年，千年赶一街”。在周城村，扎染有着不可动摇的地位，房前屋后、大街小巷，到处可见晾晒的蓝色扎染布，淡淡的纯植物染剂的味道在空中弥散。一块小小的扎染布更是贯穿着周城人的生活：孩子百天时会收到扎染布；女儿出嫁时，母亲会用扎染

图 7-11　白族民居

（资料来源：作者拍摄）

图 7-12　周城扎染艺术

（资料来源：网友拍摄）

表达情感；服饰上、家具上，处处可见精美的扎染。在扎染匠人心中，扎染是有灵魂的：简单的一块白布，经过捆扎、缝制、浸染、漂洗，通过对针脚和温度的精准控制，每个成品都呈现不一样的色彩和纹理，给每块白布赋予了不一样的生命，让每一份手工扎染都有了手工造物的温度。

未来周城村旅游业的开发，织布扎染艺术可以被定位为周城的独特标志，把织染的传统工艺和现代形式创新结合起来，树立周城集文化、生活、艺术于一体的旅游形象，吸引越来越多的旅游者走进“民族织染之乡”，体验周城如何以自己特有的方式传承中华民族绵延千年的瑰宝。

四、黎明乡——全域乡村博物馆

黎明乡位于云南省玉龙纳西族自治县西北部，东接石鼓镇、石头乡，西邻巨甸镇、鲁甸乡，北与香格里拉市隔江相望，南与兰坪白族普米族自治县接壤。总面积704.4 平方千米，人口 1.5 万余人，下辖黎明、黎光等 7 个行政村，118 个村民小组，有傈僳族、纳西族、彝族、白族、普米族等民族。黎明乡主要有河谷区、半山区、高寒山区三类地形，海拔 1 800～4 513 米。2011 年，黎明乡主要以粮食作物（主要是小麦、玉米、蚕豆）和经济作物（如烤烟、白芸豆、薯类等）种植，以及畜牧业（饲养生猪、牛、羊、家禽）为主要收入来源，农业总产值 6 538.4 万元，畜牧业总产值 680 万元，农民人均纯收入 3 836 元。

黎明乡具有优越的自然文化资源，发展旅游不仅重新保护了生物多样性和地质景观资源，也实现了乡村共同富裕，家家建起了新房子，村庄面貌焕然一新。凭借以下旅游吸引力，黎明乡全域作为一个大的乡村博物馆，创新发展乡村旅游产品。

（一）“三升三落”日出奇观

傈僳族是一个崇拜太阳的民族，“黎明”这一名字取黎民百姓见到光明之意，这里有一个太阳“三升三落”的奇特自然现象。黎明乡位于一个群山环抱的山谷中，四周高峰林立，拔地而起的红色砂岩峰丛把南方的天空割成锯齿状。每年冬至日（12 月 22 日）前后，太阳在南方的天空中运行轨迹形成的弧形最小，早晨太阳升起后不久，在南方锯齿状群峰间的狭窄天空中行走不到一个时辰，又落到了另一座峰峦后；第二座雄奇峰峦的西侧又射出万道霞光，太阳好像又升起了一次。如此循环往复，天上的太阳光不断来回穿行其间，太阳每过一个山尖，如重新升起一次，便出现了仿佛一天三次日出日落的现象，即神奇的“黎明黎光”。

（二）丹霞地貌群

《地质辞典》将丹霞地貌(Danxia Landform)定义为“指厚层、产状平缓、节理发育、铁钙质混合胶结不匀的红色砂砾岩，在差异风化、重力崩塌、侵蚀、溶蚀等综合作用下形成的城堡状、宝塔状、针状、柱状、棒状、方山状或峰林状的地形”。黎明乡境内分布着 248 平方千米的丹霞地貌群，数以千计的悬崖奇峰全部呈现出鲜艳的丹红色和红褐色，相互映衬，各显其神，展现出“色若沃丹、灿若丹霞”的奇妙风采。其面积之大、发育之成熟，其壮观程度、色彩绚丽程度均居全国之首，具有很高的科考价值和旅游观赏价值。

老君山黎明景区属于“三江并流”世界自然遗产核心区域，位于金沙江和澜沧江之间，主峰海拔 4 515 米，被历代史家称为“滇省众山之祖”。自然资源十分符合《保护世界文化遗产与自然遗产公约》中有关自然遗产的界定，“从美学或科学角度看，具有突出、普遍价值的，由地质和生物结构或这类结构群组成的自然面貌”，拥有“世界自然遗产、国家重点风景名胜区、国家地质公园”三项桂冠。从旅游格局上来说，丽江老君山国家公园处于玉龙雪山、三江并流、苍山洱海三个国家级风景名胜区的接合部，是玉龙雪山风景名胜区的重要组成部分，与丽江市东部的泸沽湖遥相呼应，形成丽江旅游战略“一体两翼”的东西两翼。

老君山的丹霞地貌色彩绚丽，有的赤红欲燃，有的五彩斑斓，有的造型独特，经自然界的造化，风化侵蚀后形成了千姿百态的峰丛、悬崖、溶洞等景观。在绿树的簇拥之下更显出丹山碧树的特点，彰显大自然的鬼斧神工。景区内分布着千龟山、万龟城、丹霞赤壁、南天门、老君炼丹炉、神鸟彩屏、一线天、同心柱、睡佛、五指山、情人柱、自然佛、石棺山等地质景观。其中，千龟山、万龟城景观，经过千万年的地质演变，红砂岩表层发生干裂，干裂的缝隙里发生风化和侵蚀作用，裂变成一系列有缝隙的凸形地形，貌似龟壳的纹理，从高处看，山顶像被雕琢成一个个形态各异的小龟，千万只小龟又组成一只大龟，自然有序地排列，呈向上爬行之姿，仿佛在向着太阳升起的东方不断行进，形成了“千龟竞渡”的神奇景观（见图 7-13）。其景观的规模极大、质量极高，堪称黎明丹霞风光中的一绝，美轮美奂，且具有极高的科考价值。

图 7-13　黎明千龟山丹霞地貌

（资料来源：作者拍摄）

（三）人文文化

黎明乡的主体民族傈僳族是一个遵从自然、崇拜自然、敬畏自然的民族，大多傈僳族以农作物名为姓氏，如乔、谷，也有的以鸟兽，如熊、蜂，或以自然物，如龙、雷、石为姓氏，并在与山同居的历史中养成了独特的生活技能和人地和谐的生存智慧。傈僳族享有“会走路就会跳舞，能说话就能唱歌”的美誉，擅长葫芦笙、四弦弹奏乐“七本”、二弦弓乐“吉自”三大乐器，兼有竹笛、口弦、筚篥图等小件，甚至随手摘取一片树叶就可奏出绵绵小曲，富有“七十二调”之盛名。

“上刀山，下火海”活动是傈僳文化的代表，是傈僳族国家级非物质文化遗产——刀杆节的主要内容。“下火海”仪式一般在每年二月初七举行，夜幕降临后，刀杆场上会燃起许多火堆，人们手拉手围着火堆跳起三弦舞。当火堆燃烧得只剩下红红的火炭时，活动的主持者“朵兮”宣布“跳火海”开始，勇士们把裤脚卷到膝盖，分两人或三人一组赤脚闯入火海，在场中绕行或捧着火炭躬身快跑。人们还不断地将艾香末撒入火塘，火星飞溅，十分壮观。第二天举行“上刀山”仪式，一般用近 30 米的栗树原木扎起类似“天梯”的刀杆，用三条金竹篾片把左右颠倒的锋利长刀捆扎在刀杆上，刀杆两侧扎有各色纸花和小旗子，刀杆下部还有三道关卡，身怀绝技的勇士用双手扣住上面的刀刃，光脚踩着锋利的刀梯向上攀行，成功后人们会围着刀杆“跳嘎”，祝福勇士胜利和庆祝节日。此项活动表现了傈僳族人为达到目标不畏艰险的勇士精神。

阔时节是傈僳族人民最隆重的传统节日，是傈僳族文化的集中展现。“阔时”是傈僳语的译音，“岁首”之意。傈僳族过节的日子以对物候的观察来决定，因此，各村寨过节的时间各不相同，一般在农历十二月初五到第二年正月初十前后约一个月的时间段内。节日前，傈僳人家宰猪杀羊，酿制水酒，做好玉米粑粑，互相馈赠，以求新的一年丰衣足食。其间有丰富的巡街民族舞打跳，傈僳族民族服饰走秀，上刀山下火海，傈僳族木括、射弩等文化展示，还有传统手工艺品和特色农特产品展览展销、体育赛事活动等。

黎明乡依托鲜明独特的“歌如潮、舞如海、情似火”的傈僳族风情文化，已建成傈僳族葫芦笙打跳曲、傈僳族滞多节、傈僳族弦乐打跳曲、傈僳族葫芦笙舞、傈僳族手工纺织等省级非遗项目和傈僳族文化生态保护区。

（四）户外体验

黎明乡有丰富的山地、森林、草甸、河流、湖泊等自然资源，旅游者可以进行徒步、攀岩、露营、垂钓、划皮筏子等户外活动，与大自然亲密接触，尽情感受大自然的魅力。在体验式旅游产品火出圈之前，老君山就推出了新潮的“飞拉达”户外体验项目。“飞拉达”是意大利语 Via Ferrata 的音译，意为“岩壁探险”，在山面上建设，采用 304 不锈钢 U 型件打孔支胶固定，有铁扶手横梯、固定缆索、岩石塞、踏脚垫等构成的爬山径道，配有一站式保护装备保障体验安全，大大降低了原有攀岩的难度系数，既保留了野外攀岩的惊险刺激，又达到了锻炼体能和意志的目的，是时下最时尚的户外健身运动之一。

老君山安七尼帐篷营地（见图 7-14）散落在群山环抱的翠绿峡谷之中，两侧被奇特的丹霞地貌景观包围，有豪华帐篷酒店（五星级酒店配套）、精致露营帐篷（拎包入住）、自助露营（动手体验）、婚礼主题帐篷、康养主题帐篷、儿童主题帐篷，满足不同旅游者的需求，营造出时尚舒适的大自然户外居住环境。此外，还有体育赛事、目的地婚礼、团建聚会、定制晚宴、露天电影、星空音乐会、静观禅修、音疗瑜伽、篝火晚会、烧烤 BBQ 等各类时尚活动，移除钢筋水泥的冰冷坚硬，把生活搬到大自然，自然恬静，温暖静谧，漫空苍穹，点点星光触手可及，充满原始又精致的野奢之美。

图 7-14　老君山安七尼帐篷营地

（资料来源：作者拍摄）

参考文献

[1] 白海霞.全域旅游与乡村旅游扶贫理论关系分析[J].大理大学学报,2020(3):30-35.

[2] 汤少忠."全域旅游"驱动因素与发展模式[N].中国旅游报,2014-6-4.

[3] 李金早.全域旅游的价值和途径[N].人民日报,2016-3-4(007).

[4] 张辉,岳燕祥.全域旅游的理性思考[J].旅游学刊,2016(9):15-17.

[5] 石培华.全域旅游系列解读之一:如何认识与理解全域旅游[N].中国旅游报,2016-02-04.

[6] 厉新建,张凌云,崔莉.全域旅游:建设世界一流旅游目的地的理念创新——以北京为例[J].人文地理,2013(3):130-134.

[7] 张传时.城郊乡村旅游开发与乡村旅游社区发展[J].长安大学学报:社会科学版,2010,12(3):121-124.

[8] 王铄.新农村建设下的乡村旅游开发模式和管理方法:以湖北木兰池生态旅游区为例[J].华中师范大学学报,2006,13(2):128-131.

[9] Fleischer A,Pizam A.Rural tourism in Israel[J].Tourism Management,1997,18(6):367-372.

[10] Reichel A,Lowengart O,Milman A.Rural tourism in Israel: service quality and orientation[J].Tourism Management,2000,21(5):451-459.

[11] Conroy C, Litvinoff M. The greening of aid: Sustainable livelihoods in practice[M].London: Earthscan Publications Limited,1988.

[12] Chambers R,Conway G R.Sustainable rural livelihoods:practical concepts for the 21st century[R].IDS Discussion Paper.Brighton England:Institute of development studies,1992:296.

[13] Bennett O, Ashley C, Roe D. Sustainable tourism and poverty elimination study:a report to the department for international development[R]. New York:Deloitte & Touche,1999:2-3.

[14] Sofield T, De Lacy T, Lipman G, et al. Sustainable Tourism Eliminating Poverty (ST- EP):An overview[M].Gold Coast:Sustainable Tourism CRC,2004:4-7.

[15] Chok S, Macbeth J, Warren C. Tourism as a tool for poverty alleviation: A critical analysis of 'pro- poor tourism' and implications for sustainability [J]. Current Issues in Tourism, 2007, 10(2): 144-165.

[16] 熊正贤.富民、减贫与挤出:武陵地区 18 个乡村旅游样本的调查研究[J].云南民族大学学报(哲学社会科学版),2018(9):77-88.

[17] 马忠玉.论我国西部大开发战略中的旅游开发与贫困消除[J].自然资源学报,2001,(02):191-195.

[18] 杨载田,章勇,刘沛林.湖南乡村旅游研究[M].北京:华龄出版社,2006.

[19] Iorio M, Corsale A. Rural tourism and livelihood strategies in Romania[J]. Journal of Rural Studies, 2010, 26(2): 152-162.

[20] 张琦,樊响.2020 年后我国金融扶贫的思考和建议[J].农村金融,2020(2):3-7.

[21] 李燕琴,赵壮英.旅游减贫的中国实践与发展经验(1978—2020)[J].旅游绿皮书:2019—2020 年中国旅游发展分析与预测,2020:169-183.

[22] Mathieson A, Wall G. Tourism: Economic, physical, and social impacts [M]. Harlow: Longman, 1982.

[23] Stephen F. Economic impact of tourism on Wales [J]. Tourism Management, 1987(4): 306-316.

[24] 保继刚,蔡辉.旅游开发对南昆山的经济影响研究[J].人文地理,1995,10(2):18-24.

[25] Ashley C, Boyd C, Goodwin H. Pro-poor Tourism: Putting poverty at the heart of the tourism agenda [Z]. ODI, 2000: 238.

[26] 林红.对"旅游扶贫"论的思考——兼议西部旅游开发[J].北京第二外国语学院学报,2000(5):49-53.

[27] 韩磊,乔花芳,谢双玉,等.恩施州旅游扶贫村居民的旅游影响感知差异[J].资源科学,2019,41(2):381-393.

[28] Blackstock K. A critical look at community based tourism[J]. Community Development Journal, 2005, 40(1): 39-49.

[29] 邓小海,曾亮,罗明义.产业链视域下旅游扶贫问题诊断及对策研究[J].当代经济管理,2014(11):56-59.

[30] 程强,石琳娜.基于自组织理论的产学研协同创新的协同演化机理研究[J].软科学,2016(4):22-26.

[31] 文传浩,许芯萍.流域绿色发展、精准扶贫与全域旅游融合发展的理论框架[J].陕西师范大学学报(哲学社会科学版),2018(6):39-46.

[32] 刘合光.乡村振兴战略的关键点、发展路径与风险规避[J].新疆师范大学学报(哲学社会科学版),2018(3):1-9.

[33] 邢慧斌,刘斌,薛晓春.河北省旅游扶贫和社会主义新农村建设互动研究[J].商场现代化,2018(29):362.

[34] 刘焕庆,吴健.全域旅游背景下的延边州乡村旅游可持续发展研究[J].东疆学刊,2017(1):101-105.

[35] 覃志敏.连片特困地区农村贫困治理转型:内源性扶贫以滇西北波多罗村为例[J].中国农业大学学报(社会科学版),2015(6):5-11.

[36] 饶勇,黄福才,魏敏.旅游扶贫、社区参与和习俗惯例的变迁——博弈论视角下的可持续旅游扶贫模式研究[N].社会科学家,2008(3):88-96.

[37] 石培华."旅游+"是实现全域旅游的重要途径[N].中国旅游报,2016-05-11(3).

[38] Mentzer J,DeWitt W,Keebler J,et al.Defining supply chain management[J]. Journal of Business Logistics,2001,22(2):1-25.

[39] 马士华.新编供应链管理[M].北京:中国人民大学出版社,2008.

[40] Lambert D M,García-Dastugue S J,Keely L.Croxton K L.An Evaluation of Process-oriented Supply Chain Management Frameworks[J]. Journal of Business Logistics,2005,26(1):25-51.

[41] Goldratt E M,Schragenheim E,Ptak C A.Necessary but not sufficient[M]. Great Barrington:North River Press,MA,2000.

[42] Ponis S T,Spanos A C.ERP II systems to support dynamic,reconfigurable and agile Virtual Enterprises[J].International Journal of Applied Systemic Studies,2009,2(3):265-28.

[43] Stecke K,Kumar S.Sources of supply chain disruptions,factors that breed vulnerability,and mitigating strategies [J].J.Market.Channels,2009,16(3):193-226.

[44] Christopher M,Holweg M.Supply Chain 2.0':managing supply chains in the era of turbulence[J].Int.J.Phys.Distrib.Logist.Manag,2011,41(1):63-82.

[45] Bowersox D J, Closs D J, Stank T P, Keller S B. How supply chain competency leads to business success[J]. Supply Chain Management Review, 2000,4(4):70-78.

[46] Christopher M, Peck H. The five principles of supply chain resilience[J]. Logistics Europe,2004,12(1):16-21.

[47] Gary A, Irwin G, Knott D, et al. Enterprise resilience [J]. Best's Review,

2003,104(3):88.
[48] Lambert D M. Supply chain management: processes, partnerships, performance [M].2nd ed.Sarasota,FL:Supply Chain Institute,2006.
[49] Harland C. Supply network strategies-the case of health supplies [J]. European Journal of Purchasing and Supply Management, 1996, 2 (4): 183-192.
[50] Christopher M.Logistics and supply chain management[M].London:Pitman Publishing,1992.
[51] Yilmaz Y, Bititci U. Performance measurement in the value chain: manufacturing vs tourism [J]. International Journal of Productivity and Performance Management,2006,55(5):371-389.
[52] Tapper R,Font X.Tourism supply chains:Report of a desk research project for the travel foundation[R].Leeds Metropolitan University,Environment Business & Development Group. http://www.lmu.ac.uk/lsif/the/Tourism-Supply-Chains.pdf.Accessed 2004.09.06.
[53] Page S J. Tourism management: Managing for change[M]. Oxford: Butterworth Heinemann,2003.
[54] 代葆屏.旅行社供应链管理模式初探[J].北京第二外国语学院学报,2002(1):19-21.
[55] 李万平.转型时期我国旅游供应链优化机制研究[D].济南:山东师范大学,2006:15-16.
[56] Sigala M.A supply chain management approach for investigating the role of tour operators on sustainable tourism:the case of TUI[J].Journal of Cleaner Production,2008,(16):1589-1599.
[57] 胡孝平.苏州旅游产业供给侧改革研究[J].常熟理工学院学报,2016,30(3):59-63.
[58] 孙九霞,黄凯洁,王学基.基于地方实践的旅游发展与乡村振兴:逻辑与案例[J].旅游学刊,2020,35(3):39-49.
[59] Polman N,Poppe K J,Van Der Schans J,Van Der Ploeg J D.Nested markets with common pool resources in multifunctional agriculture[J].Rivista Di Econoḿia Agraria,2010:295-318.
[60] 宁志中,张琦.乡村优先发展背景下城乡要素流动与优化配置[J].地理研究,2020,39(10):2201-2213.
[61] 朱宝莉,刘晓鹰.全域旅游视域下民族特色小镇发展策略研究[J].农业经济,

2019(3):15-17.

[62] 朱长宁,汪浩.乡村振兴战略视域下乡村旅游供应链整合对策研究[J].经济问题,2021(12):75-81.

[63] 陈雪钧.国外乡村旅游创新发展的成功经验与借鉴[J].重庆交通大学学报(社会科学版),2012,12(5):56-59.

[64] 耿满国,张伟,唐相龙,等.中国乡村旅游地的空间分布特征及影响因素[J/OL].世界地理研究:1-11.

[65] Gao S, Huang S, Huang Y. Rural tourism development in China[J]. International Journal of Tourism Research,2009,11(5):439-450.

[66] 郑燕,李庆雷.新形势下乡村旅游发展模式创新研究[J].安徽农业科学,2011,39(13):7961-7963.

[67] 胡孝平,宣雅敏.常熟市旅游产业融合环境与实现路径研究[J].旅游纵览,2013,(7):123-125.

[68] 邓小燕,邓毅.大众旅游背景下旅游供给侧改革策略研究[J].行政事业资产与财务,2016,(6):1-40.

[69] Smith D P, Phillips D A. Socio-cultural representations of greentrified pennine rurality[J].Journal of Rural Studies,2001,17(4):457-469.

[70] 房艳刚,刘继生.基于多功能理论的中国乡村发展多元化探讨——超越"现代化"发展范式[J].地理学报,2015,70(2):257-270.

[71] 陈国生,刘军林.信息技术驱动下的旅游供给侧改革[J].南华大学学报,2017(2):35-390.

[72] 孙九霞.旅游对全面脱贫与乡村振兴作用的途径与模式——"旅游扶贫与乡村振兴"专家笔谈[J].自然资源学报,2021,36(10):2604-2614.

[73] 白海霞,普荣.供给侧改革下旅游地旅游供应链创新发展研究[J].高师理科学刊,2019,39(4):51-54.

[74] 马赫然.供给侧改革背景下的苏州旅游发展研究[J].中国商论,2017(12):43-44.

[75] 刘志明.舆情大数据指数[M].北京:社会科学文献出版社,2016.

[76] Geoff M.Green tourism and scottish distilleries[J].Tourism Management,1996,17(4):255-263.

[77] Sharpley R.Rural tourism and sustainability:A critique[M].Hall D,Roberts L,Mitchell M (eds). New directions in rural tourism, Ashgate: Hants, England,2003.

[78] 赵承华.基于文化体验的乡村旅游开发研究[J].社会科学辑刊,2011(3):

116-118.
[79] 郭舒.基于产业链视角的旅游扶贫效应研究方法[J].旅游学刊,2015,30(11):31-39.
[80] Long Hualou,Liu Yansui,Li Xiubin.Building new countryside in China:A geographical perspective[J].Land Use Policy,2010,27(2):457-470.
[81] 张蓓,万俊毅,文晓巍.国外农业旅游的模式比较与经验借鉴[J].农业经济问题,2011(5):103-104.
[82] 谢辉基,杨振之.论旅游体验研究中的"身体"现象及其认知[J],旅游学刊,2020(7):117-132.
[83] Ashley C,Roe D,Goodwin H.Pro-Poor tourism strategics:Making tourism work for the poor[Z].ODI,IIE D,and CRT,2001.
[84] Sen A.Development as freedom[M].Oxford:Oxford University Press,1999.
[85] 李如友,郭鲁芳.旅游减贫效应之辩[J].旅游学刊,2017,32(6):28-37.
[86] 刘彦随.中国新时代城乡融合与乡村振兴[J].地理学报,2018,73(4):637-650.
[87] Chen J,Guan J J,Xu J.Constructing the green supply chain for rural tourism in China:Perspective of front-back stage decoupling[J].Sustainability,2018,10(11),10114276.
[88] 欧文·戈夫曼.日常生活中的自我呈现[M].冯钢,译.北京:北京大学出版社,2008.
[89] 赵夏,余建立.从日本白川荻町看传统村落保护与发展[J].中国文物科学研究,2015,(2):38-43.
[90] Gross S,Schrder A.Handbook of low cost airlines:Strategies,business processes and market environment[M].Berlin:Erich Schmidt Verlag,2007.
[91] Lane B,Kastenholz E.Rural tourism:the evolution of practice and research approaches-towards a new generation concept? [M].Journal of Sustainable Tourism,2015.
[92] 白海霞,普荣.供给侧结构改革背景下丽江旅游业转型发展研究[J].高师理科学刊,2018,38(9):43-46.
[93] 杨占栋.供给侧结构性改革视角下的滨州市现代旅游业创新发展[J].滨州学院学报,2016(6):40-45.
[94] Ivanov D."A blessing in disguise" or "as if it wasn't hard enough already":Reciprocal and aggravate vulnerabilities in the supply chain[J].Int.J.Prod.Res,2020,58(11):3252-3262.
[95] Ritchie B W,Jiang Y.A review of research on tourism risk,crisis and disaster

management: launching the Annals of Tourism Research curated collection on tourism risk, crisis and disaster management[J]. Annals of Tourism Research, 2019, 79, 102812.

[96] Ciocco L, Michael E. Hazard or disaster: Tourism management for the inevitable in Northeast Victoria[J]. Tourism Management, 2007, 28, 1-11.

[97] Chacko H, Marcell M. Repositioning a tourism destination[J]. Journal of Travel & Tourism Marketing, 2008, 23(2-4), 223-235.

[98] Bows A, Anderson K, Peeters P. Air transport, climate change and tourism [J]. Tourism and Hospitality Planning & Development, 2009, 6(1): 7-20.

[99] Robbins D K, Dickinson J E. Can domestic tourism growth and reduced car dependency be achieved simultaneously in the UK[J]. Tourism and climate change and mitigation: Methods, greenhouse gas reductions and policies, 2007, 169-187.

[100] UNWTO-UNEP-WMO. Climate change and tourism: Responding to global challenges[EB/OL]. Madrid: UNWTO, 2008-10-20.

[101] Germann Molz J G. Representing pace in tourism mobilities: Staycations, slow travel and the amazing race[J]. Journal of Tourism and Cultural Change, 2009, 7(4): 270-286.

[102] 郭哲，陶玉霞.乡村旅游资源的属性特征及其开发路径拓展研究[J].农业科学研究，2017，38(03)：80-84.

[103] Peters P. Time, innovation and mobilities: Travel in technological cultures [M]. London: Taylor & Francis, 2006.

[104] Edley N. Analysing masculinity: Interpretative repertoires, ideological dilemmas and subject positions[J]. Wetherell M, Taylor S, Yates S J, Discourse as data: A guide for analysis. London: The Open University Sage, 2001: 189-228.

[105] B.约瑟夫·派恩，詹姆斯·H.吉尔摩.体验经济[M].毕崇毅，译.北京：机械工业出版社，2001：38.

[106] George E W, Mair H, Reid D G. Rural tourism development: Localism and cultural change[M]. Bristol: Channel View Publications. 2009.

[107] Ananieva A, Holm C. Phänomenologie des Intimen[J]. Memory in things from relic to recollection, 2006: 156-187.

[108] Tregear A. From Stilton to Vimto: Using food history to re-think typical products in rural development[J]. Sociologia Ruralis, 2003, 43(2), 91-107.

[109] Beer S. Food and society[J]. Food supply chain management. 2001: 21-36.

[110] Timothy D. Heritage Cuisines: Traditions, Identities and Tourism, Routledge[ ], 2016.

[111] Kneafsey M. Tourism, place identities and social relations in the European rural periphery [J]. European Urban and Regional Studies, 2000, 7 (1), 35-50.

[112] Belletti G. The valorisation of typical products: principles, objectives and problematics[J]. Concepts, methods and tools, 2006: 21-36.

[113] Everett S, Aitchison C. The role of food tourism in sustaining regional identity: A case study of Cornwall [J]. South West England. Journal of Sustainable Tourism, 2008, 16(2), 150-167.

[114] Winter M. Geographies of food: Agro-food geographies-food, nature, farmers and agency[J]. Progress in Human Geography, 2005, 29(5): 609-617.

[115] Sims R. Food, place and authenticity: Local food and the sustainable tourism experience[J]. Journal of Sustainable Tourism, 2009, 17(3): 321-336.

[116] Edwards-Jones G, Milà i Canals L, Hounsome N, et al. Testing the assertion that "local food is best": The challenges of an evidence based approach[J]. Trends in Food Science and Technology, 2008, (19): 265-274.

[117] Ruiz-Ballesteros E, Hern′andez-Ramírez M. Tourism that empowers? Commodification and appropriation in Ecuador's turismo comunitario[J]. Critique of Anthropology, 2010, 30(2): 201-229.

[118] Dodds R, Ali A, Galaski K. Mobilizing knowledge: Determining key elements for success and pitfalls in developing community-based tourism[J]. Current Issues in Tourism, 2018, 21(13): 1547-1568.

[119] Liu W. Theoretic reflections of community participation in tourism development[J]. Journal of Tourism, 2000, (1): 47-52.

[120] Khan N A. Leisure and recreation among women of selected hill-farming families in Bangladesh[J]. Journal of Leisure Research, 1997, 29(1): 5-20.

[121] Ross S, Wall G. Ecotourism: Towards congruence between theory and practice[J]. Tourism Management, 1999, 20(1): 123-132.

[122] Byrd E T, Gustke L. Using decision trees to identify tourism stakeholders: The case of two Eastern North Carolina counties [J]. Tourism and Hospitality Research, 2007, 7(3-4): 176-193.

[123] Scott N, Cooper C, Baggio R. Destination networks: Four Australian cases [J]. Annals of Tourism Research, 2008, 35(1): 169-188.

[124] Saxena G, Ilbery B. Integrated rural tourism: A boarder case study[J]. Annals of Tourism Research, 2008, 35(1): 233-254.

[125] Mitchell R E, Reld D G. Community integration island tourism in Peru[J]. Annals of Tourism Research, 2001, 38(1): 113-139.

[126] Yang X, Wang Q. Research on residents' participation in tourism planning and development[J]. Tourism Transaction, 2006, (4): 32-37.

[127] Yang X, Lu L, Wang Q. Structure model and application of villager participation in tourism decision-making[J]. Transaction of Geography, 2005, 60(6): 928-940.

[128] Inskeep E. Tourism planning: An integrated and sustainable development approach[M]. New York, NY: Van Nostrand Reinhold, 1991.

[129] Deng J, Arbogast D, Selin S. Community-based tourism planning: An application of the APPA approach to Ansted, West Virginia[J]. Tourism Analysis, 2011, (16): 601-615.

[130] Moscardo G. Exploring social representations of tourism planning: Issues for governance[J]. Journal of Sustainable Tourism, 2011, 19(4-5): 423-436.

[131] Brunmayr E. Theme villages[EB/OL]. 2001[2014-10-28]. http://www.dorf-stadter neuerung.at/media/dorf 11590380359102.pdf.

[132] Idziak W, Bielski P. Imaging and implementing social innovations with limited technology: Cases of thematic villages in Poland[J]. Evans R, Tsipidis V, Aldea-Partanen A, Social innovation and sustainable rural development: Euracademy thematic guide series, 2011: 15-18.

[133] Gottdiener M. The theming of America: Dreams, visions, and commercial spaces[M]. Boulder: Westview Press, 1997.

[134] Idziak W. Rethinking a village: Thematic villages[M]. Koszalin: Alta Press, 2008.

[135] 吴雷,雷振东,马琰.西安都市区城乡要素流动与城郊乡村地区空间治理路径研究[J].规划师,2022,38(06):57-63.

[136] 方大春.区域经济学理论与方法[M].上海:上海财经大学出版社,2017.

[137] Ye W H. An introduction to sustainable development[M]. Higher Education Press: Beijing, China, 2001.

[138] Bao D. Ideal and reality: Classification and comparison of sustainable Development concept[J]. Nat. Dialectics Res, 2001, (5): 38.

[139] Holling C S. Understanding the complexity of economic, eco-logical and

social systems[J].Ecosystems,2001,(4):390-405.

[140] Bramwell B,Lane B.Sustainable tourism:An evolving global approach[J]. Journal of Sustainable Tourism,1993,1(1):1-5.

[141] Tian B.Existing problems and solutions in rural tourism[J].Science and Technology Information:Basic Theories,2008,(18):51-53.

[142] Bramwell B.Critical and normative responses to sustainable tourism[M]. Bristol:Channel View Publications,2012:44-48.

[143] Moscardo G.Sustainable tourism innovation:Challenging basic assumptions [J].Tourism and Hospitality Research,2008,8(1):4-13.

[144] Salazar N.Tourism imaginaries:A conceptual approach.Annals of Tourism Research[J].2012,39(2):863-882.

[145] Scheyvens R.Ecotourism and the empowerment of local communities[J]. Tourism Management,1999,20(2):245-249.

[146] Faure D,Siu H F.Down to earth:The territorial bond in South China[M]. Stanford,CA:Stanford University Press.1995.

[147] Lane B.Second generation rural tourism:Research priorities and issues[EB/OL].Paper given at the Citurdes Conference Portugal.2012[2015-7-18]. http://www.pasosonline.org/Publicados/pasosoedita/pasosrep7.pdf.

[148] Kim S,Jamal T.The co-evolution of rural tourism and sustainable rural development in Hongdong,Korea:Complexity,conflict and local response [J].Journal of Sustainable Tourism,2015,23(8-9).102-181.

[149] Zuo T Q,Huang S S H,Ding P Y.Toward a community-driven development model of rural tourism:The Chinese experience[J].International Journal of Tourism Research,2014,16(3):261-271.

[150] Hwang D,Stewart W P,Ko D.Community behavior and sustainable rural tourism development[J].Journal of Travel Research,2012,(51):328-341.

[151] Moscardo G.Building community capacity for tourism development[M]. Wallingford:CAB International,2008.

[152] Vicol M,Neilson J,Hartatri D F S,Cooper P.Upgrading for whom? Relationship coffee,value chain interventions and rural development in Indonesia[J].World Dev,2018,(110):26-37.

[153] Knickel K,Renting H.Methodological and conceptual issues in the study of multifunctionality and rural development[J].Sociologia Ruralis,2000,40(4):512-528.

[154] van der Ploeg J D, Renting H, Brunori G, et al. Rural development: From practices and policies towards theory[J]. Sociologia Ruralis, 2000, 40(4): 391-408.

[155] Renting H, Marsden T K, Banks J. Understanding alternative food networks: Exploring the role of short food supply chains in rural development[J]. Environment and Planning A, 2003, 35(3): 393-411.

[156] van der Ploeg J D, Jingzhong Y, Schneider S. Rural development through the construction of new, nested, markets: Comparative perspectives from China, Brazil and the European Union[J]. Journal of Peasant Studies, 2012, 39(1): 133-173.

[157] Higgins-Desbiolles F. Socialising tourism for social and ecological justice after COVID-19[J]. Tourism Geographies, 2020, 22(3): 610-623.

[158] Stankov U, Filimonau V, Vujičcić M D. A mindful shift: An opportunity for mindfulness-driven tourism in a post-pandemic world [J]. Tourism Geographies, 2020, 22(3): 703-712.

[159] 杨闽芳.乡村旅游供应链协同度测评研究[D].福州:福建农林大学,2020.

[160] Cole S. A political ecology of water equity and tourism: A case study from Bal[J]. Annals of Tourism Research, 2012, 39(2): 1221-1241.

[161] Tribe J. Tourism: A critical business[J]. Journal of Travel Research, 2008, (46): 245-255.

[162] Robson J, Robson I. From shareholders to stakeholders: critical issues for tourism marketers[J]. Tourism Management, 1996, 17(7): 533-540.

[163] Higgins-Desbiolles F. The "war over tourism": Challenges to sustainable tourism in the tourism academy after COVID-19[J]. Journal of Sustainable Tourism, 2021, 29(4): 551-569.

[164] 陆林,任以胜,朱道才,等.乡村旅游引导乡村振兴的研究框架与展望[J].地理研究,2019,38(1):102-118.

[165] 郑四渭,方芳.虚拟集群式旅游供应链模型构建研究[J].旅游学刊,2014,29(02):46-54.

[166] 刘亭立.旅游价值链研究综述:回顾与展望[J].旅游学刊,2013,28(02):60-66.

[167] Turner V. Process, performance and pilgrimage: a study in comparative symbology[M]. New Ddhi: Concept Publishing Company, 1979: 142-149.

[168] Jafari J. Tourism models: Sociacultural apsects[J]. TourismManagment,

1987,8(2):151-159.

[169] Cohen E.Who is tourist? Analysis of concept[A].Wu Ning,Ma Chongling, trans.Contemporary Tourism: Diversity and Change[C].Tianjin: Nankai University Press,2007:21-45.

[170] Urry J.The tourist gaze:Leisure and travel in contemporary societies (the 2nd Edition) [M].London:SAGE Publications Ltd.,2002:23-24.

[171] 樊友猛.具身范式下的乡村旅游体验研究[D].大连:东北财经大学,2017.

[172] 邹统钎.乡村旅游发展的围城效应与对策[J].旅游学刊,2006(3):8-9.

[173] 孙九霞,徐新建,王宁,等.旅游对全面脱贫与乡村振兴作用的途径与模式——"旅游扶贫与乡村振兴"专家笔谈[J].自然资源学报,2021,36(10):2604-2614.

[174] World Tourism Organization(UNWTO).Manual on tourism and poverty alleviation:practical steps for destinations[R].Netherlands: the World Tourism Organization and the Netherlands Development Organization, 2010:38-40.

[175] 乌拉尔·沙尔赛开.共生模式下乡村旅游发展优化策略[J].社会科学家,2020(8):50-56.

[176] 郝文强,王佳璐,张道林.抱团发展:共同富裕视阈下农村集体经济的模式创新——来自浙北桐乡市的经验[J].农业经济问题,2022(08):54-66.

[177] 何中兵,谭力文,赵满路,等.集群企业共享经济与共创价值路径研究[J].中国软科学,2018(10):71-78.

[178] 魏宝祥,李雅洁,王耀斌,等.乡村振兴战略下民族地区乡村旅游长期减贫效应研究[J].资源开发与市场,2020,36(11):1290-1298.

[179] 罗莹,姚增福.不同发展模式下乡村旅游减贫效应对比研究[J].宜宾学院学报,2023,23(2):32-42.

[180] 韩磊,乔花芳,谢双玉,等.恩施州旅游扶贫村居民的旅游影响感知差异[J].资源科学,2019,41(2):381-393.

[181] Justin T,Robert J.Environment-strategy relationship and its performance implications:an empirical study of the Chinese electronics industry[J]. Strategic Management Journal,1994,15(1):1-20.

[182] 廖维俊,何有世.基于全域视角的智慧旅游服务供应链协同发展机制探究[J].经济研究参考,2017(25):72-80.

[183] 俞飞,徐阳阳,田涛.智慧旅游背景下旅游服务供应链模型构建及运行机制研究[J].安徽农业大学学报,2017,26(3):41-48.

[184] 林炜铃,朱艳萍."互联网 +"时代旅游景区供应链智慧模式的应用创新研究[J].中国管理信息化,2019,22(12):65-68.

[185] 宋华.新兴技术与"产业供应链+""互联网+"下的智慧供应链创新[J].学术前沿,2015(11):21-34.

[186] Blome C, Schoenherr T, Rexhausen D. Antecedents and enablers of supply chain agility and its effect on performance: a dynamic capabilities perspective[J]. International Journal of Production Research, 2013, 51(4): 1295-1318.

[187] 刘伟华,王思宇,贺登才.面向国际产能合作的智慧供应链绩效影响因素:基于多案例的比较[J].中国流通经济,2020,34(9):3-20.

[188] 李云鹏,胡中州,黄超,等.旅游信息服务视阈下的智慧旅游概念探讨[J].旅游学刊,2014,29(5):106-115.

[189] 王桂花,王东霞,高文华.新时代旅游业发展的主要矛盾及智慧旅游供应链重构[J].商业经济研究,2019(2):168-170.

[190] 廖维俊,何有世.基于服务感知的智慧旅游服务供应链架构质性研究[J].资源开发与市场,2017,33(5):626-629.

[191] 赖俊明.服务供应链中资源整合及其演化关系的案例研究[J].中国流通经济,2019,33(03):10-18.

[192] Qrunfleh S, Tarafdar M. Lean and agile supply chain strategies and supply chain responsiveness: the role of strategic supplier partnership and postponement[J]. Supply Chain Management, 2013, 18(6): 571-582.

[193] Agrawal D K, Agrawal D P, Deshmukh S G. Beyond supply chain: a demand chain perspective for superior market responsiveness[J]. Metamorphosis, 2006, 5(1): 31-48.

[194] Ghani K Y, Khurram, Zainuddin, et al. Integration of supply chain management with internet and enterprise resource planning (ERP) systems: case study[J]. Global Business & Management Research, 2009, 1(3/4): 97-104.

[195] Ismail H S, Sharifi H A. Balanced approach to building agile supply chains[J]. International Journal of Physical Distribution & Logistics Management, 2006, 36(6): 431-444.

[196] Naylor J B, Naim M M, Berry D. Leagility: integrating the lean and agile manufacturing paradigms in the total supply chain[J]. International Journal of Production Economics, 1999, 62(1-2): 107-118.

[197] Lucas Jr H C, Olson M. The impact of information technology on organizational flexibility[J]. Journal of Organizational Computing and Electronic Commerce, 1994, 4(2): 155-176.

[198] 冯长利,张明月,刘洪涛,等.供应链知识共享与企业绩效关系研究:供应链敏捷性的中介作用和环境动态性的调节作用[J].管理评论,2015(9):181-191.

[199] 孙新波,钱雨,张明超,等.大数据驱动企业供应链敏捷性的实现机理研究[J].管理世界,2019(9):133-151.

[200] Teece D J. Explicating dynamic capabilities: nature and micro foundation[J]. Strategic Management Journal, 2007, 28(13): 1319-1350.

[201] Eisenhardt K M, Martin J A, Dynamic Capabilities: What are They? [J]. Strategic Management Journal, 2000, 21(1011): 1105-1121.

[202] Winter S G. Understanding Dynamic Capabilities[J]. Strategic Management Journal, 2003, 24(10): 991-995.

[203] Roberts N, Grover V. Leveraging information technology infrastructure to facilitate a firm′s customer agility and competitive activity: an empirical investigation[J]. Journal of Management Information Systems, 2012, 28(4): 231-270.

[204] Tu Q, Vonderembse M A, Ragu-Nathan T S, et al. Measuring modularity-based manufacturing practices and their impact on mass customization capability: a customer-driven perspective[J]. Decision Sciences, 2004, 35(2): 147-168.

[205] Yin R K. Case Study Research: Design and Methods[M]. London: Sage Publications, 2013: 21-35.

[206] Troilo G, De Luca L M, Guenzi P. Linking data- rich environments with service innovation in incumbent firms: a conceptual framework and research propositions[J]. Journal of Product Innovation Management, 2017, 34(5): 617-639.

[207] Moore J F. Predators and prey: a new ecology of competition[J]. Harvard Business Review, 1993, 71(3): 75-83.

[208] 徐菲菲,黄磊.景区智慧旅游系统使用意愿研究——基于整合TAM及TTF模型[J].旅游学刊,2018,33(8):108-117.

[209] Cozzolino A, Verona G, Rothaermel F T. Unpacking the disruption process: new technology, business models and incumbent adaptation[J]. Journal of Management Studies, 2018, 55(7): 1166-1202.

[210] Lin H E, III M D, Lin S J, et al. Managing the exploitation/exploration paradox: the role of a learning capability and innovation ambidexterity[J]. Journal of Product Innovation Management, 2013, 30(2): 262-278.

[211] Powell W W, Koput K W, Smithdoerr L. Inter-organizational collaboration and the locus of innovation: networks of learning in biotechnology[J]. Administrative Science Quarterly, 1996, 41(1) : 116-145.

[212] Hernandez-Espallardo M, Rodriguez-Orejuela A, Sanchez- Perez M. Inter-organizational governance, learning and performance in supply chains[J]. Supply Chain Management-An International Journal, 2010, 15(2): 101-114.

